圖解希臘神話

Greek Mythology

【修訂新版】

凱特琳 著

CONTENTS

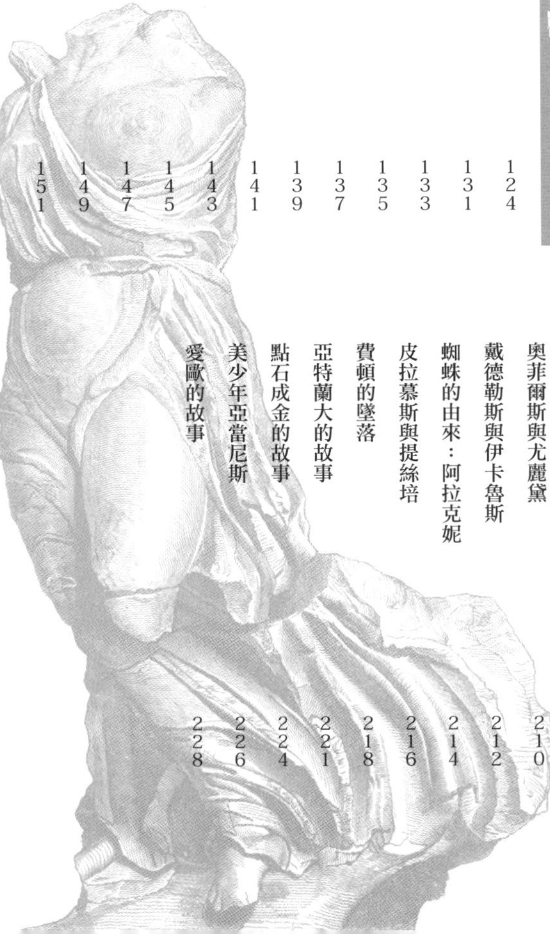

導讀

什麼是希臘神話？

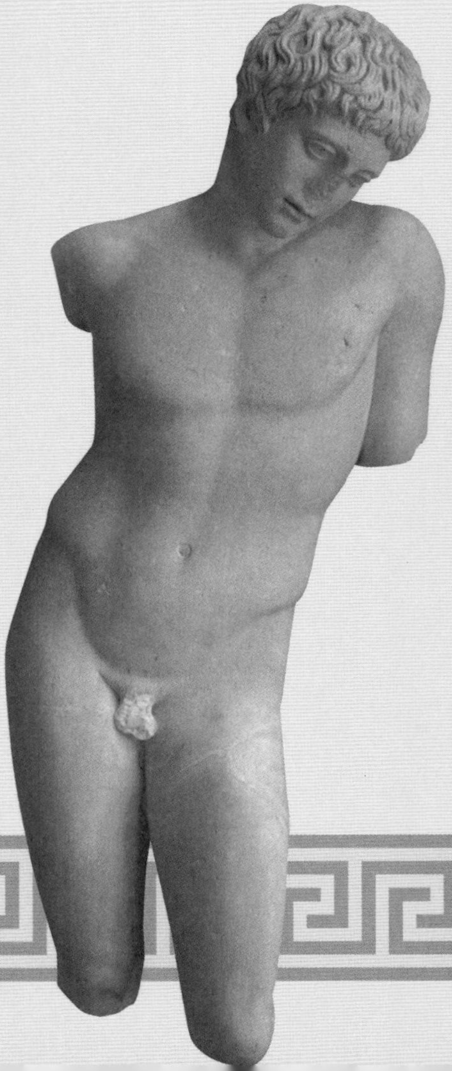

希臘神話VS羅馬神話

這麼多年以來，發現許多人一直以為希臘與羅馬神話是相同的概念，事實上，希臘與羅馬神話是如此相似卻又截然不同的神話故事。希臘與羅馬的民族性相當不同，像是希臘的戰神阿利斯又被視為羅馬的馬爾斯，然而阿利斯在希臘人眼中是引起戰爭的嗜血神明，馬爾斯卻是羅馬神話中驍勇善戰的大英雄，形象上明顯有所不同。

所以希臘與羅馬神話之間到底有什麼樣的糾葛呢？

希臘與羅馬神話的不同

希臘：擬人化的神明，天馬行空。

羅馬：實用的神明，缺乏想像力。

希臘神話的概念其實相當新穎，更早之前，任何古文明中的神明都顯得高不可攀，既神祕又尊貴，他們擁有高尚的情操，或是巨大的形體，高聳的雕像雖然莊嚴但也挺嚇人的，不但有距離感，且絲毫不真實。

後來希臘人用自己的形象創造了希臘神話故事，他們的神明跟凡人一樣，有悲歡喜樂，他們的品格絲毫不完美，宙斯到處出軌，希拉任意懲罰她不喜歡的人，這些神明的道德觀念低落，有時甚至比不上凡人。但他們也會同情凡人的可憐遭遇、幫助可憐人、懲罰那些做壞事的人，甚至會幫忙讓穀物豐收，教導人民如何釀造葡萄酒，他們與希臘人民相當親密，這在其他文化中是相當少見的現象。

所以羅馬人愛上了這樣的世界，在許多地方都可以看見希臘對羅馬的影響層面相當深且廣。羅馬人將希臘神明的故事引進當地後，甚至將自己本身的羅馬神明與希臘神明綜合為同一人，於是希臘神話故事也變成了羅馬神話故事，但其實他們還是保留了各自的特色，甚至創造出許多比希臘神話裡頭更實用的神明。這樣的融合，進一步豐富了許多古老的傳說故事。

許多希臘神明都被羅馬引用，最有名的奧林帕斯十二大神，幾乎都有希臘與羅馬的版本名稱。

在希臘神話融入羅馬前，羅馬的神明顯得相當平實，他們有管理

希臘羅馬神明對照表

希臘	羅馬	職掌
宙斯	朱彼得（或喬夫）	天父
波賽頓	涅普敦	海神
黑帝斯	普拉圖	冥神
海絲蒂亞	維絲塔	女灶神
希拉	朱諾	天后
阿利斯	馬爾斯	戰神
雅典娜	敏涅娃	智慧女神
阿波羅	阿波羅	真理之神
阿緹密絲	黛安娜	狩獵女神
阿芙蘿黛蒂	維納斯	愛與美之神
漢密斯	摩丘利	使神
黑法斯托斯	兀兒肯	火神

食物的神明，負責照顧孩童的神明，但沒有特別的性格。羅馬人不會將他們描寫為藍色頭髮、金色皮膚，打扮得漂漂亮亮的，而著重於他們的實用性，其中最重要的就是詹紐斯神，他有兩個頭，一個看著過去，一個看著未來。

奇妙的是，希臘神話融合了羅馬神話之後，反而豐富了我們現今愛不釋手的希臘神話。從這些故事中，我們得以揭開古老世界的神祕面紗，我們看見了天與地是如何從虛無與混亂中誕生，太陽神每天是如何拚命拉著馬車揭開一天的序幕，希臘神話豐富了我們的世界，滿足了我們無邊的想像力，這就是至今仍舊吸引我們目光的原因吧。

希臘文學的世界

現今我們讀到的希臘故事，多半是從古人的文學作品與劇作中呈現的。後人將這些故事中的細節抽絲剝繭、集合起來，就成了完整又美妙的神話故事。

其中最古老，也最重要的兩件作品，就是盲眼詩人荷馬所著的《伊里亞德》與《奧德賽》。關於荷馬的身分一直有許多爭論，由於年代久遠，他的身分已經不詳，但透過這兩件偉大的作品，我們還是得以一窺古老的神話世界。

希臘文學來源的種類

史詩	詩集 敘事詩	悲劇／喜劇	小説／書籍	歷史學家的作品	辭書

除了荷馬的史詩外，赫西奧德的《神譜》與奧維的《變形記》也是相當重要的作品。據說赫西奧德在耕種時，繆思女神親自下凡，將這些故事交給他，也因此赫西奧德的《神譜》中包含了許多荷馬史詩中沒有的細節，例如是誰創造了天空，是誰創造了最早的人類。他是第一個設法解釋的人，讓希臘神話的世界變得精彩繽紛。詩人奧維更被稱為神話詩人之首，古代的作家裡沒有任何人的故事說得比他鉅細靡遺，他幾乎說過了所有的故事，是不可缺少的大功臣。

抒情詩詩人對於希臘文學同樣功不可沒，尤其是品達。抒情詩與大約西元前八世紀的荷馬式頌歌提供了我們相當豐富的資料，荷馬式頌歌乍聽之下可能會以為與盲眼詩人荷馬有關，實際上只是一連串對於神明的讚頌詞，據說總共有三十三首，就是這些詩與頌歌，才讓那些在遠古時代的故事聽起來栩栩如生。

關於希臘神話的文學作品

史詩

作者	作品名稱	作者年代
荷馬 (Homer)	《伊里亞德》(Iliad) 《奧德賽》(Odyssey)	推測約為西元前九世紀到八世紀
羅德島的阿波羅尼奧斯 (Apollonius of Rhodes)	《尋找金羊毛》(Argonutica)	西元前三世紀
維吉爾 (Virgil)	《伊尼亞德記》(Aeneid)	西元前一世紀

敘事詩與詩集

作者	作品名稱	作者的年代
赫西奧德 (Hesiod)	《工作與度日》(Works and Days) 《神譜》(Theogony)	西元前八世紀到七世紀
奧維 (Ovid)	《變形記》(Metamorphoses)	西元前一世紀

悲劇

作者	作品	作者年代
埃斯庫羅斯 (Aeschylus)	《奧雷斯提亞》(Oresteia)	西元前六世紀
索福克勒斯 (Sophocles)	《伊底帕斯王》(Oedipus the King)	西元前五世紀
歐里庇得斯 (Euripides)	《米蒂亞》(Medea)	西元前五世紀

喜劇

作者	作品	作者年代
阿里斯托芬 (Aristophanes)	《鳥》(The Birds)、《青蛙》(The Frogs)	西元前五世紀

抒情詩

作者	作品	作者年代
品達 (Pindar)	《讚美詩》(Hymnoi)、《勝利曲》(Epinikia)	西元前六世紀

田園詩

作者	作品	作者年代
特奧克里托斯 (Theocritus)	由眾多詩作組成	西元前三世紀
比昂 (Bion)	由眾多詩作組成	西元前二世紀

書籍

作者	作品名稱	作者年代
雅典的阿波羅多洛斯 (由於作者與該書年代不符，因此被稱為偽阿波羅多洛斯)	《書庫》(Bibliotheca)	約西元前一世紀

小說

作者	作品名稱	作者年代
阿普列尤斯 (Apuleius)	《金驢》(The Golden Ass)	西元前兩世紀

歷史

作者	作品名稱	作者年代
希羅多德 (Herodotus)	《歷史》(The Histories)	西元前五世紀
西西里的狄奧多羅斯 (Diodorus Siculus)	《世界史》(Bibliotheca historica)	西元前一世紀

辭書

作者	作品名稱	作者年代
由眾多學者共同編輯	《蘇答辭書》(Suda)	西元十世紀左右

傑遜與米蒂亞

女巫米蒂亞正在調製魔藥給她的情人傑遜，出自於歐里庇得斯的悲劇《米蒂亞》中。

特洛伊的海倫

特洛伊與希臘為了海倫開戰，展開長達十年的戰爭。出自於史詩《伊里亞德》。

古希臘戲劇

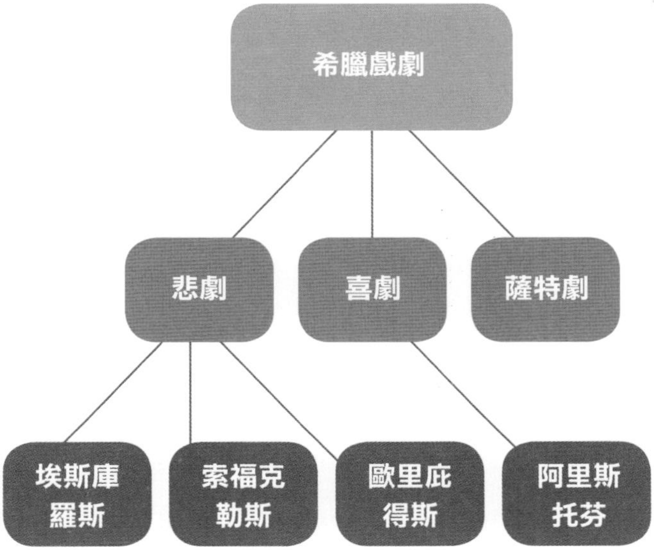

古希臘的戲劇指的是起源於西元前六世紀，並於西元前五世紀達到高峰，以描述古希臘世界聞名的戲劇。大致上可分為三種，悲劇、喜劇與薩特劇，對於悲劇、喜劇我們不陌生，薩特劇則是其中比較奇特的類型。這種戲劇起源於酒神的祭典，其本質與悲劇相同，不過特別加重詼諧戲謔與諷刺的部分，我們現今所讀到的許多有趣希臘神話故事，很多都曾在當時上演。

原始的希臘神話僅以史詩與民間傳說的方式存在，古代的偉大詩人將這些故事去蕪存菁，讓內容變得更加豐富與精細。

雖然三種戲劇同樣蓬勃發展，不過最影響人心的一般被認為是悲劇，畢竟悲劇比喜劇更能撼動人心。最有名的三位悲劇詩人是埃斯庫羅斯、索福克勒斯與歐里庇得斯，而被稱為喜劇之王的阿里斯托芬也運用他獨特的魅力，將古希臘的世界展現在社會大眾眼前。在本書中後來提到的許多故事，都是來自於這些戲劇。

三大悲劇詩人的簡介

姓名	年代	作品
埃斯庫羅斯	出生於西元前 525 年	最有名的作品應該就是《奧雷斯提亞》與《被縛的普羅米修斯》
索福克勒斯	出生於西元前 496 年	最有名的作品是《伊底帕斯》還有《安蒂岡妮》
歐里庇得斯	出生於西元前 480 年	最有名的作品是《米蒂亞》

喜劇詩人的簡介

姓名	年代	作品
阿里斯托芬	出生於西元前 448 年	最有名的作品是《鳥》與《青蛙》

希臘神話中的神明種類

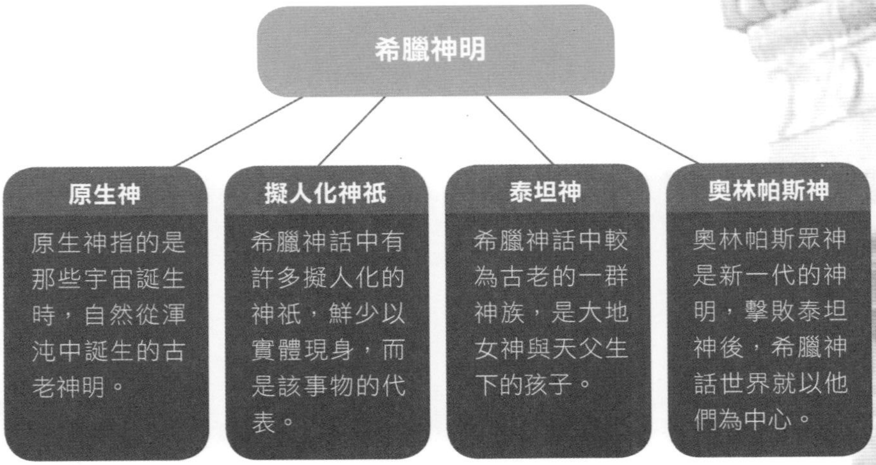

希臘神話中的神明主要可以分為四大類：

最古老的原生神：他們鮮少以我們熟悉的神明面貌出現，大多是宇宙誕生之時的一種現象、構成世界的結構。像是最古老的混沌之神與大地女神蓋亞，他們從未以人的形體出現。

擬人化神祇：擬人化神祇又像是一種概念，這些神祇代表著各種事物，像是死神贊納陀士，他本身就是死亡的化身，與掌管死者的黑帝斯在某種程度上來說，差別甚大。還有記憶之神寧末辛，他們在神話中都鮮少以人的型態出現，而是以象徵物的方式呈現，是希臘神話中比較特殊的一種存在型態。

泰坦神：是希臘神話中較古老的神族，是原始的大地之母與天空之父的後代，他們的型態與我們常見的希臘神話中的神明較為類似，他們有七情六慾，雖然是巨人，但也有人的形體。其中的代表就是宇宙之王克羅諾斯。

奧林帕斯神：奧林帕斯眾神是現今希臘神話中的主體，目前我們所讀的希臘神話故事多半都是講述他們的故事。這些神明是希臘人以自己的型態創造的，所以可以發現他們除了不朽與威力強大外，其他的地方其實與人類相差不遠。代表者就是天父宙斯。

遠古巨神：泰坦

泰坦神是希臘神話中威力無窮的巨神，也是天地創立後，大地之母蓋亞誕下的第一批神明。在推翻父親烏拉諾斯後，整個世界由泰坦十二大神稱霸，其中的領導者就是親手殺死父親的克羅諾斯。但後來在諸神之戰中戰敗，據說許多領導對抗的泰坦神被流放到塔爾塔羅斯中，唯有克羅諾斯逃到義大利，創造了黃金人種與黃金時代。

泰坦神西里奧斯之箭

第一代泰坦神，共有十二位

編號	神名	職掌	配偶
1	大洋氏 (Oceanus)	海神	泰席絲
2	海波利昂 (Hyperion)	光之神	賽亞
3	考伊斯 (Coeus)	不明	菲碧
4	克羅諾斯 (Cronus)	時間之神	瑞亞
5	寧末辛 (Mnemosyne)	記憶與回憶	曾與宙斯生下許多後代，但並無夫妻關係
6	泰席絲 (Tethys)	水神	大洋氏
7	賽亞 (Theia)	亮之神	海波利昂
8	菲碧 (Phoebe)	光芒與智慧之神	考伊斯
9	瑞亞 (Rhea)	掌管流逝的時間	克羅諾斯
10	泰米絲 (Themis)	正義之神	曾與宙斯生下許多後代，但並無夫妻關係
11	克瑞歐斯 (Crius)	星群之神	尤麗琵亞 (Eurybia)
12	伊普特斯 (Iapetus)	不朽與生命之神	艾希亞 (Asia)

第二代泰坦神，多為第一代所生下

編號	神名	職掌	父母	後代
1	艾歐絲 (Eos)	黎明女神	海波利昂與賽亞的女兒，長女	北風波瑞斯、西風齊飛兒、南風諾托斯、東風歐羅斯
2	西里奧斯 (Helios)	太陽之神	海波利昂的兒子	費頓
3	席琳 (Selene)	月亮女神	海波利昂的女兒	潘德亞，天空之神
4	樂朵 (Leto)	母性之神	考伊斯與菲碧之女	阿波羅與阿緹密絲
5	亞絲特瑞亞 (Asteria)	星辰	考伊斯與菲碧之女	巫術女神黑卡蒂
6	亞特拉斯 (Atlas)	堅忍之神	伊普特斯與艾希亞的兒子	七仙女星群、海斯特拉蒂、寧芙
7	普羅米修斯 (Prometheus)	代表先見之明	伊普特斯與艾希亞的兒子	迪卡里昂與皮瑞亞，古希臘北方的國王
8	艾比米修斯 (Epimetheus)	代表後見之明	伊普特斯與艾希亞的兒子	琵瑞亞，艾比米修斯與潘朵拉的女兒，後來嫁給迪卡里昂
9	門諾提厄斯 (Menoetius)	怒氣之神	伊普特斯與艾希亞的兒子	無所知的後代
10	密蒂絲 (Metis)	智慧女神	大洋氏與泰席絲的女兒	雅典娜
11	亞斯特拉歐斯 (Astraeus)	黃昏之神、星辰與星球	克瑞歐斯的兒子	與艾歐絲共同生下北風波瑞斯、西風齊飛兒、南風諾托斯、東風歐羅斯
12	帕拉斯 (Pallas)	戰爭之神	克瑞歐斯的兒子	勝利女神妮姬

泰坦巨神身形龐大，號稱擁有無窮盡的力量，圖中為為人類盜火的泰坦神普羅米修斯

奧林帕斯十二大神

希臘神話中主要的兩大神族為泰坦神與奧林帕斯神，泰坦神數目眾多且年代久遠，但主宰希臘神話世界的卻是年輕一代的奧林帕斯眾神。

其實新一代的主要神明有十四位，他們之間都有親戚關係，主要是由克羅諾斯與瑞亞所生的子女衍生出來的大家族，第一代像是宙斯與希拉又生出了第二代的奧林帕斯神，他們稱霸希臘神話的世界，縱橫奧林帕斯山、人間與地獄三界。可是居住在陰間的冥王黑帝斯不常離開自己的轄區光臨奧林帕斯山，女灶神海絲蒂亞因為少有神話提及，也不被列在其中。因此，雖然說希臘神話中最重要的奧林帕斯神有十四位，但時常提到的卻是奧林帕斯十二大神，這是因為撇除了冥王與女灶神之故。

主要奧林帕斯眾神列表

神明	職掌	配偶	位置
宙斯	天空、雷霆之神	天后希拉	奧林帕斯山
希拉	婦女與婚姻之神	天父宙斯	奧林帕斯山
波賽頓	海神		海洋中
迪密特	穀物與豐收女神		人間
雅典娜	智慧女神、女戰神		奧林帕斯山
戴奧尼修斯	酒神、戲劇之神		人間
阿緹密絲	女獵神		奧林帕斯山
阿波羅	真理之神		奧林帕斯山
阿利斯	戰爭之神		奧林帕斯山
阿芙蘿黛蒂	愛與慾之神	火神黑法斯托斯	奧林帕斯山
黑法斯托斯	火神、工匠之神		奧林帕斯山
漢密斯	使神		奧林帕斯山
黑帝斯	財神、冥王	春神柏瑟芬	陰間
海絲蒂亞	女灶神		奧林帕斯山

次要的神明列表

神明	職掌	族譜
希碧	代表青春的女神	宙斯與希拉之女
阿斯奇皮亞斯	醫術與醫藥之神	父親為阿波羅 母親為克羅尼絲
葛麗絲	代表高雅、美姿之女神	宙斯的女兒們之一
艾莉西亞	代表生育的女神	宙斯與希拉之女
愛羅斯	小愛神	阿芙蘿黛蒂之子
赫蕾伊	代表四個季節的女神	宙斯與泰米絲之女
海吉亞	代表健康的女神	醫神之女
艾莉斯	彩虹女神	海神泰馬斯之女
繆思女神	代表靈感	宙斯與寧末辛之女

奧林帕斯主要神祇族譜

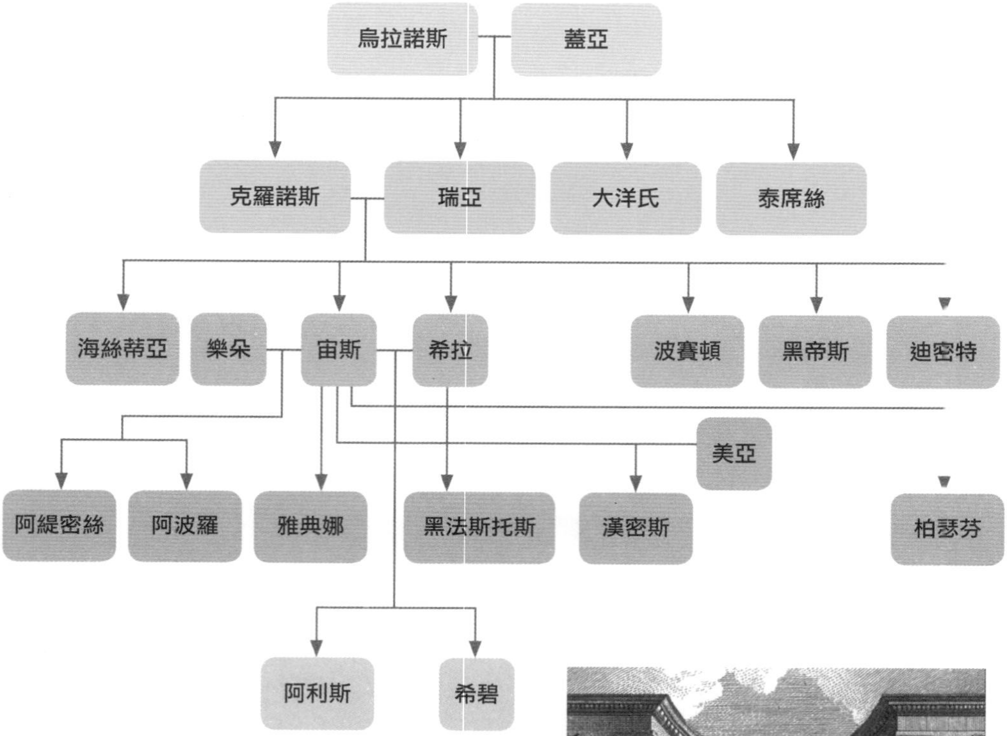

奧林帕斯諸神

希臘神話的世界

傳說，希臘世界中主要有三個死後靈魂的居所，一是被視為天堂的福地愛柳西恩，二是冥王黑帝斯所處的冥界，三則是罪大惡極之地，等同於地獄的塔爾塔羅斯。

天庭奧林帕斯與天堂愛柳西恩

一般說到希臘神話中的天堂，大家先想到的竟然都是奧林帕斯，真是令人驚訝。其實奧林帕斯乃是希臘神話中的仙境、眾神的居所，除了少數留在自己統領地或是不受歡迎而被驅逐的神明外，其餘的神明多半都待在奧林帕斯仙境。詩人將奧林帕斯描述成美妙的仙境，眾神們沒有煩惱也不會死去，終日飲酒作樂，美姿女神展現曼妙舞蹈，繆思女神彈奏優美的音樂，是相當美好的地方。但是真正描寫奧林帕斯仙境內部情況的傳說並不多，一般認為極少有凡人可入其中，因此關於這方面的傳說自然相當稀少。

關於凡人想要一窺仙境的結果，最後都以悲劇收場。希臘神話中的大英雄貝雷洛豐的傳說，就是一則凡人妄想上仙境的故事。貝雷洛豐是民間的大英雄，他斬妖除魔，替人間除害，深得人民的尊重，因此覺得自己應該已經不屬於凡人世界，可以名列仙班了。於是他騎著飛馬皮葛瑟斯飛向仙境奧林帕斯，想要登入奧林帕斯成為神仙。飛馬具有神性，試圖帶主人回到陸地，但貝雷洛豐還是堅持飛往仙境，天父宙斯眼見凡人意圖污染仙境的純潔，於是派出雷霆將貝雷洛豐打下，一代英雄從此喪命。可見凡人想登上奧林帕斯，只是不切

希臘神話的世界

區域與名稱	統領者	歸屬
天庭：奧林帕斯	宙斯統領	天神的居所（部分神明則居住人間）
天堂：愛柳西恩	無統領者	英雄與善良之人的死後世界
陰間：黑帝斯	冥王黑帝斯	一般靈魂的居所
陰間：水仙之地	冥王黑帝斯	給沒有犯過罪，但也沒有做過好事之人死後的居所
地獄：塔爾塔羅斯	無統領者	罪大惡極之人／神

希臘神話中的世界：冥界

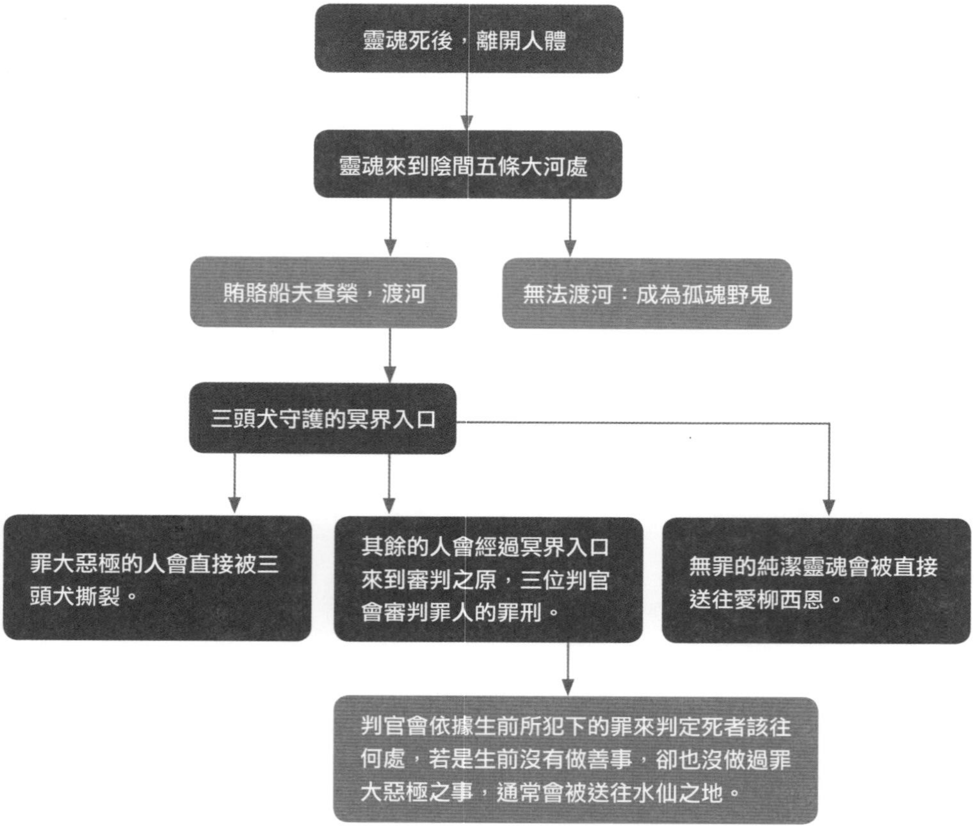

實際的痴心妄想。

一般來說，除非跟神明有特殊關係，否則就算是再偉大的英雄，死後都只是去往所謂的愛柳西恩之地而已。

愛柳西恩是希臘神話中所謂的天堂——祝福之地，是所有英雄與偉人的歸屬。愛柳西恩之地，據說能慰藉所有英靈，就算是橫死的靈魂，來到愛柳西恩也能夠獲得平靜。

希臘人從不忌諱談論死亡這種禁忌的話題，他們不僅對死後的世界相當重視，對死者本身的葬禮儀式也有自己一套特殊的傳統風俗。在許多希臘傳說裡，只要生前沒有犯大罪，死後都會來到愛柳西恩。唯一的例外是沒有經過適當葬禮的死者，不得進入福地。希臘神話中認為，死者若沒有葬禮，靈魂將永遠不能平靜，只能在人間或是陰間遊蕩，不得其所。尤其是自殺的死者，在希臘神話中，自殺乃是大罪，凡是自殺死去的死者皆不會獲得葬禮，這也是對生者的一種勸誡，要愛惜生命，否則靈魂將永遠在陰間遊蕩。

希臘標準葬禮通常以火葬為主，尤其是大英雄，多以火葬。死者會先被塗抹香油，在眼睛上蓋上銅幣，才算完成。

不過，奇特的是愛柳西恩雖然是天堂，地理位置卻位於冥王黑帝斯的冥界中。

希臘神話中的冥界就是由冥王黑帝斯管轄的地區，其實嚴格說起來，整個冥界與地底都是歸黑帝斯所管，因此冥界也被稱為黑帝斯。不過其中有幾個獨立的區域，像是愛柳西恩之地、黃泉與罪大惡極之地塔爾塔羅斯等。

希臘傳說中，人死去後，靈魂必須先渡河才能到達冥界，冥界由五條大河圍繞，死者進入冥界的唯一方式只有穿過河流，因此需找到船夫查榮，賄賂他一枚銅板即可渡河。據說要是沒有舉行適當葬禮之人，因為沒有銅板可以賄賂船夫，就只能留在陰間的外圍，不得其門而入，成為孤魂野鬼。

進入冥界後，必須接受地獄三頭犬賽伯洛斯的審判。許多希臘傳說中，三頭犬會將罪大惡極的死者直接吃掉，或是讓他繼續到冥王宮殿接受懲罰。

得以穿過地獄犬的靈魂，還得穿過默哀之谷與審判之原才會到達

亡靈飲用忘川的水後，即忘記生前所有事情

冥王黑帝斯的宮殿，罪人會在審判之原受到懲罰，好人則直接離開到愛柳西恩之地，永享安樂。

審判之原中有三位判官，冥界之中，只有他們三位能決定，誰該去福地（愛柳西恩），誰該去罪惡之地（塔爾塔羅斯）或能繼續待在冥界中。如果死者並非大奸大惡之人，卻也非大善人，有時判官不知該拿他如何是好，於是這類死者就留在冥府間晃蕩，著名的希臘統帥阿葛曼儂就是一例。

這些在冥界間遊蕩的靈魂比中國的鬼差多了，他們還留有凡人的外型，沒有什麼特殊能力，對死後的世事也多半搞不清楚，能吃的食物只有一種沒味道的白色花朵。

在《奧德賽》中，奧德修斯與女巫到陰間時，女巫指示奧德修斯當場將羊殺死，讓血流入河中拜祭亡魂，果然一群可怕的亡魂前來爭先恐後地搶奪鮮血。當時奧德修斯還得以見到從前死去的戰友阿葛曼儂與希臘大勇士阿基里斯。據說，阿基里斯對於他戰死後的特洛伊戰爭發展完全不清楚，還勞煩老友奧德修斯幫忙說明特洛伊戰爭之後的情況，究竟誰輸誰贏？統帥阿葛曼儂也是迷迷糊糊，一肚子氣，只顧著跟奧德修斯唸叨，千萬別對妻子太仁慈，不然可能落到死不瞑目的地步。

至於冥王黑帝斯與他的妻子柏瑟芬，通常不理會普通死者的判決，僅交由三位判官決定，但是在

地獄三位判官之名

姓名	身分背景
艾伊庫斯（Aeacus）	艾伊庫斯生前為希臘的英雄，因為為人公正，死後被宙斯派遣作陰間的判官。
拉達美修斯（Rhadamanthus）	拉達美修斯為米諾斯的兄弟，為克里特島的國王，後被其弟趕出王國，死後成為陰間的判官。
米諾斯（Minos）	曾經是克里特的國王，傳說為歐蘿芭與宙斯之子。

圍繞冥界的五條大河

名稱	含意
阿奇隆河（Acheron）	悲傷之河
卡席特斯河（Cocytus）	哀歌之河
夫列葛松河（Phlegethon）	火焰之河
勒錫河（Lethe）／忘川	遺忘之河
史蒂克絲（Styx）／守誓河	仇恨之河

許多傳說中，還是有見過冥王同情或是感動死者的際遇，讓他們再度復活的。

希臘神話中的地獄：塔爾塔羅斯

許多人誤以為希臘神話中的地獄就是地府冥界，其實，在希臘神話中，犯了不可饒恕之罪或是大奸大惡之人，會於死後被貶到塔爾塔羅斯，此地才是希臘神話中真正的地獄。

關於塔爾塔羅斯統治者的說法目前分為兩派，許多神話中描述是混亂女神愛瑞絲的屬地，也有傳說是混亂之神凱奧統領的地方，目前還有爭議。可以肯定的是塔爾塔羅斯是毀滅的地獄，是罪大惡極之人與神死後去的地方。

在其他國家的傳說或是神話中，神與人死後會被送往不同地方，但塔爾塔羅斯同時屬於罪大惡極的神與人。例如當初許多在奧林帕斯與泰坦神族戰爭中落敗的泰坦神，都於被毀滅後貶落此地，甚至是獨眼巨人也被流放到這裡。

其中比較著名的幾位罪人像是西西佛斯，他被處罰在塔爾塔羅斯推石頭，只要將石頭推向山頂，他就可以自由。然而石頭被下過咒語，只要快到山頂時就會落下，於是西西佛斯永遠無法得到自由。另一個同樣有名的罪人是坦特勒斯，他是希臘統帥阿葛曼儂的祖先，因為殺了自己的兒子給眾神食用，犯了滔天大罪，他的刑罰比西西佛斯還要悽慘。他被迫站在水塘中，旁邊長滿鮮美的水果，但是他肚子餓想吃時，水果就會退到他拿不到的地方；水塘也是，他一彎腰想飲水，水塘就消失，他被罰永生永世的飢餓，看得到卻吃不到，是天神給他的永恆懲罰。

至於塔爾塔羅斯究竟位於哪裡？這問題始終是個謎團，有人說這地方位於冥界中，但是大部分傳

BOX

希臘的陰間通常又被視為煉獄，但丁在《神曲》中將人死後的居所分為天堂、地獄與煉獄。通常沒有犯過罪的人們，死後會至天堂居住，有罪的人到地獄受懲罰，而那些沒有受洗過，在耶穌基督信仰出現前即過世的那些靈魂，就會被安排到煉獄中，渾渾噩噩地在陰間度日。

說中，它不屬於天界、人界與陰間。《伊里亞德》裡頭說，塔爾塔羅斯的位置在地府之下、奧林帕斯之上。可見地獄其實不在地府中，也不在地球上的任何一個位置。有一說法是，塔爾塔羅斯的位置，在黑帝斯所統領的冥界再往地下深入一層，傳說從冥界往塔爾塔羅斯深淵墜落需要九天時間才能墜地，可見其實離冥界有一段距離。

也因此，在希臘神話中，塔爾塔羅斯不僅僅是地獄，也被描繪得很像是監獄，因為其四面都是銅牆。詩人維吉爾曾於故事中描述，塔爾塔羅斯的四周有著無法橫越的火海，任何人、神只要一進入就再也沒有可以逃離的希望，是一個相當陰沉可怕的地方。

坦特勒斯被懲罰永遠的飢餓

冥河的船夫查榮

塔爾塔羅斯位置示意圖

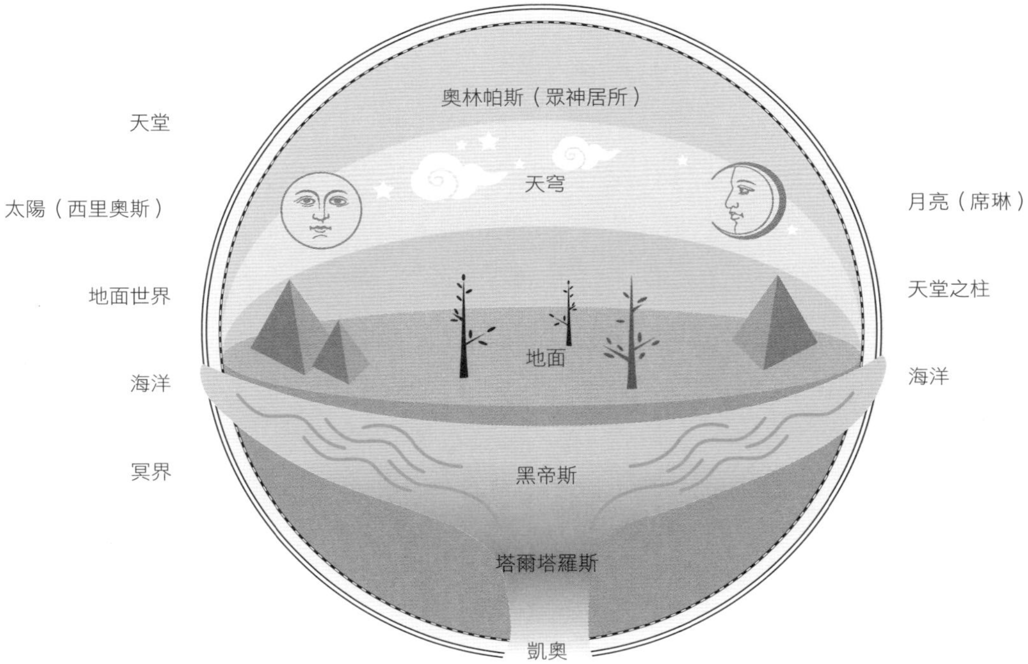

第一篇
故事的開端

創世紀：宇宙的起源，由混沌中誕生的新世界

在神明尚未出現以前，這個世界沒有山脈，也沒有海洋，只有虛無，萬物皆不存在，整個世界空無一物，沉浸於無止盡的空虛中。這一團迷霧般的混沌中誕生了黑暗之神厄瑞波斯與黑夜女神妮克絲，妮克絲展開翅膀與黑暗結合後，產下了一顆金蛋，誕生了愛，愛是如此美麗，足以使所有人喪失心智。從愛中衍生出光明與白日，就這樣，世界上有了光明與黑暗、白日與黑夜，展開了新的秩序。

蓋亞

接著大地出現了，大地之母蓋亞從渾沌中而生，並創造了她的丈夫天空之神烏拉諾斯。烏拉諾斯覆蓋著她，銜接成完整的世界，他們誕下十二個孩子，六男六女，總計十二位泰坦巨神，整個世界就這樣從虛無中漸漸成形。

大地之母同時也生下很多可怕的怪物，有的有一百隻手跟五十顆頭，有的僅有一隻又大又圓的眼睛，烏拉諾斯憎惡這些醜陋的孩子，將他們全部關進隱密的牢籠裡，並將蓋亞關在地底深處。蓋亞看到孩子受到不平等對待相當氣憤，便向泰坦神們求援，於是泰坦神們合謀，四個神明站在天的四邊箝制烏拉諾斯。在這當下，烏拉諾斯之子克羅諾斯手持鐮刀先閹割了自己的父親，再將父親殺死，終於讓所有兄弟姊妹與母親回歸自由。

克羅諾斯閹割父親，拯救了兄弟與母親

希臘神話神明出現順序圖

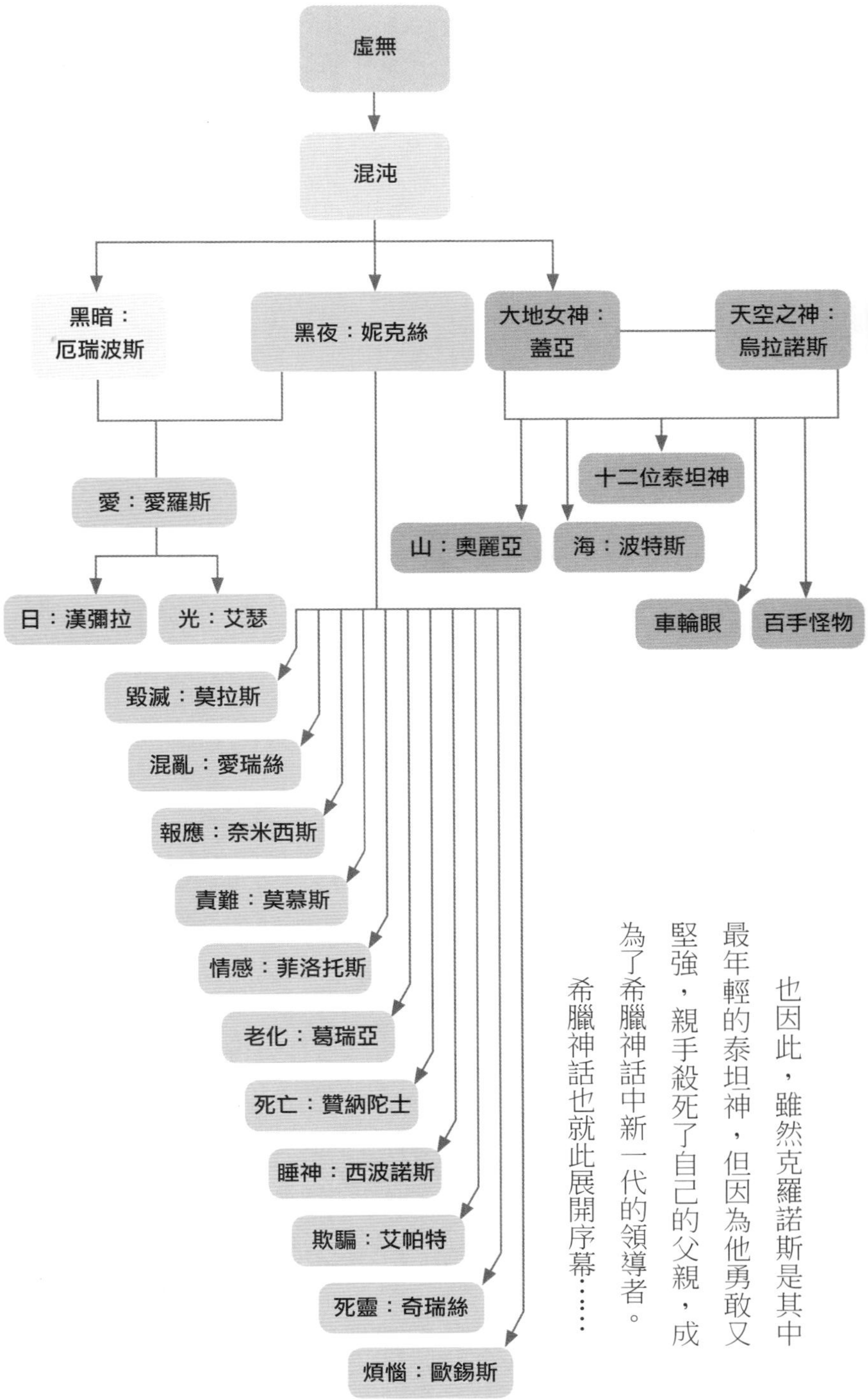

也因此，雖然克羅諾斯是其中最年輕的泰坦神，但因為他勇敢又堅強，親手殺死了自己的父親，成為了希臘神話中新一代的領導者。

希臘神話也就此展開序幕……

BOX

據說當克羅諾斯殺死父親時，從烏拉諾斯流出的鮮血中誕生了高大的巨人族還有可怕的復仇女神。復仇女神雙眼鮮紅，頭上的頭髮全是兇猛的蛇。之後巨人族與可怕的怪獸都被驅逐出地面，唯有復仇女神不斷追捕罪人，直到世界上沒有罪惡存在為止。

諸神之戰：泰坦神與奧林帕斯神的戰爭

據說在遠古希臘，曾經發生一場可怕的戰爭，差點毀掉整個世界。在當時，克羅諾斯推翻父親後，成為新一代的領導者，但克羅諾斯背負著罪惡，註定他也將被自己的親生孩子推翻，於是克羅諾斯想盡辦法，不要留下任何子嗣。當他的妻子瑞亞生下每一個孩子時，克羅諾斯就將這些孩子吞下肚，毫無例外。

心急的瑞亞找母親蓋亞幫忙，終於成功藏起最小的兒子宙斯。宙斯長大成人後返回挑戰自己的父親克羅諾斯，逼父親吐出所有孩子，並挑戰父親的統治權，諸神之戰就此展開。

天庭的神明都被迫分為兩派，宙斯釋放出早期因為面貌醜陋而被天父關在地底的怪物，他們給予宙斯控制雷霆與閃電的力量，讓宙斯的力量大增，許多泰坦神雖然流著泰坦神的血，卻不滿意克羅諾斯的暴政，於是選擇投奔奧林帕斯神的陣營，數目還不少，像是太陽神西里奧斯、月神席琳與力量強大的巨人普羅米修斯。

泰坦神族因此慘敗，宙斯狠狠地詛咒那些與他對抗的神明，並將他們都丟到被三層黑夜包圍的地獄塔爾塔羅斯中。普羅米修斯的兄弟

受到預言的影響，克羅諾斯將每個剛出生的孩子都吞下肚

亞特拉斯則被懲罰永遠支撐著天與地，永生永世不能休息。

蓋亞眼見宙斯對付泰坦神族的手段如此殘忍，心生不忍，為了懲罰宙斯，蓋亞與塔爾塔羅斯又生下了世界上最可怕的怪獸——泰豐。

泰坦神與奧林帕斯諸神之戰，宙斯贏得最終的勝利

泰豐被稱為所有怪獸之父，牠的身形巨大，據說上半身可碰到天上的星星，且共有一百個頭，手上的手指都是龍的頭，不斷在噴火，牠身上有翅膀，可以飛翔且兇惡無比。

蓋亞堅信這樣的怪物可以摧毀宙斯，果然當泰豐來到戰場時，可怕的模樣嚇走了奧林帕斯神，唯有宙斯留在原地。他信心滿滿，相信雷霆可以打敗泰豐，沒想到在首次短兵相接時，泰豐還是佔了上風，牠幾乎擊垮宙斯，幸得使神漢密斯的幫助，宙斯發動第二次攻擊，將艾特納山壓在泰豐身上，百頭怪獸不斷掙扎，整個地球震顫不止，海上更引發了大海嘯淹沒陸地。宙斯眼見如此，趕緊丟出雷霆，據說周圍的大地、天庭、大海與陰間都為之撼動，海洋沸騰得差點蒸發，幸而雷霆最後殺死了泰豐。

大地之母蓋亞發出痛苦的怒吼認輸了，從此宙斯成為實至名歸的天上地下統治者。

人類的誕生：屬於人類的五個世代

希臘神話中，關於人類的起源，主要有兩種不同的說法。

兩種人類起源的說法

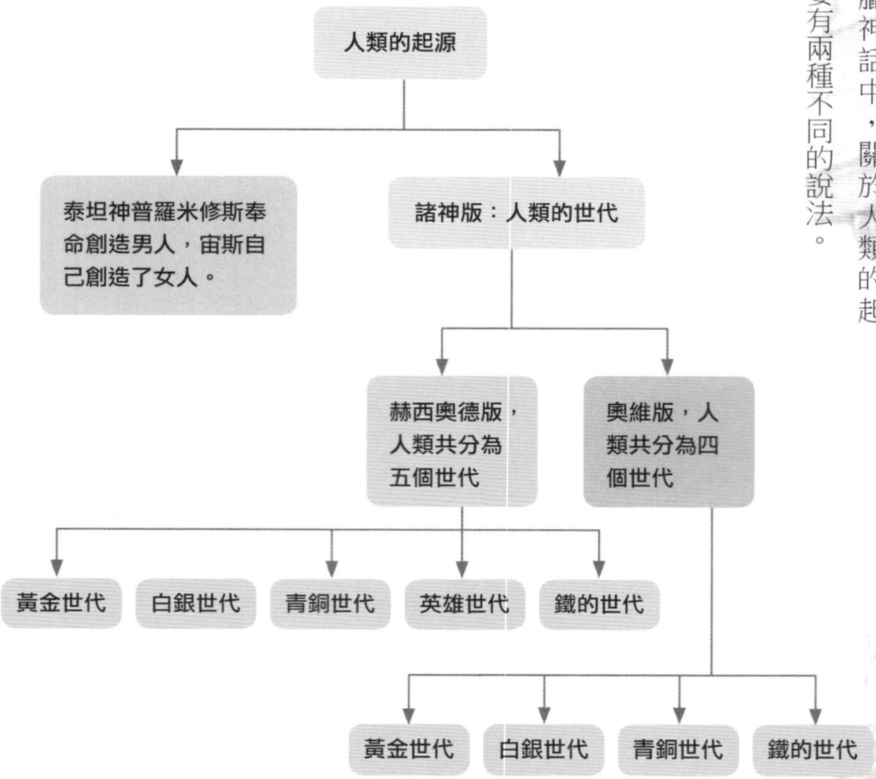

在最通俗的版本中，眾神們覺得如果可以創造出跟自己類似的生物，並讓他們居住在地球會是一件

普羅米修斯看著雅典娜將靈魂注入泥土，泥人頓時變成真人

潘朵拉打開裝滿災禍之盒

有趣的事情，於是宙斯請普羅米修斯來創造人類。普羅米修斯用泥土創造出男人，智慧女神雅典娜對泥土吹口氣，泥土活了過來，變成真人，這就是歷史上第一個人類的誕生。

但是普羅米修斯袒護人類更勝於神明，宙斯感到忌妒，於是宙斯決定自己造出第一個女人。他吩咐火神黑法斯托斯把土與水混合，在裡頭加入人類的語言與力氣，結果出現了一位溫柔可人的少女潘朵拉，外貌與女神一樣光輝，宙斯接著讓雅典娜教導她針線活與各項技藝，讓美神阿芙蘿黛蒂給予她魅力，還讓漢密斯給予她一顆不知羞恥的心。可怕但迷人的禮物完成了，宙斯把她送到人間，意圖懲罰人類。

眾神們賦予這名少女潘朵拉各項禮物，讓她有無人可擋的誘惑力，並將她送給普羅米修斯的弟弟艾比米修斯。即使親哥哥千叮萬囑咐，絕對不可以接受這個禮物，艾比米修斯卻著迷於潘朵拉的美麗，歡喜地收下了眾神的禮物。

當時的人間沒有辛勞、痛苦與疾病這些可怕的東西，全被關在一個大箱子中，艾比米修斯再三交代潘朵拉不可以偷偷打開這個箱子，但是潘朵拉並沒有聽從勸告，趁艾比米修斯外出時開啟此箱。結果，病痛、忌妒與怨恨紛紛從箱中飛了出來，害怕的潘朵拉趕緊關上箱子，卻把希望也關在其內。從此人間有了巨大的改變，充滿了可怕的事物，這就是眾神的懲罰。

屬於人類的世代

另外一個人類起源版本中，神明決定自己創造人類，但卻不知道該用什麼材質來創造出完美的人類，於是他們一個一個地嘗試。

在赫西奧德的書中，描述人類曾經有五個世代，古羅馬詩人奧維的《變形記》中則僅提到四個，少了一個英雄世代。而最後的鐵的世代，就是現今人類的祖先。

第一個世代是黃金世代，由泰坦神克羅諾斯創造。這是個純真的年代，人們不用工作，開心度日，四季如春，穀物也會自己生長。這些人類的形體毀滅後也成為了神靈，永生不朽。

第二個世代是白銀世代，宙斯創造了他們，並將人間分為四季，於是人們得自己耕作、努力求生存。但他們對神明卻毫不尊重，從不準備祭祀品給神明，於是惱怒的天父便親手毀滅了這個世代。

第三個世代被稱為青銅世代，宙斯創造出青銅人種，但他們相當好戰、殘酷，比白銀世代還要糟糕，宙斯這回讓他們終結了自己的命運。

第四個世代為英雄世代，同樣

黃金世代是沒有悲傷的歡樂年代

由宙斯創造，屬於半神半人的種族，據說擁有高貴情操，但最終大多數在戰爭中喪生，少數存活下來的。宙斯將他們留在祝福之地愛柳西恩，過著像是黃金世代一樣的生活。

第五個世代，也就是鐵的世代，這是宙斯第四次嘗試造人，但是這個時代的人們既邪惡又無禮，因此宙斯決定讓他們自生自滅。他相信總有一天，鐵世代的人們會自己毀滅，不勞神明動手。據說這正是我們現今人類的祖先。

白銀世代的人們

BOX

奧維雖然只提到了四個世代，但是據他描述，在鐵的世代後，人類變得邪惡，阿卡迪亞的國王竟然想把兒子的肉拿給宙斯吃，只為試探宙斯的身分，這讓宙斯大怒，於是吩咐用洪水滅世。結果全人類都淹死了，只剩下兩個人，最後他們聽神諭，用石頭創造出新的人種。奧維說我們都是石頭的後代，堅硬如磐石，能夠吃苦耐勞，但這種說法沒有赫西奧德的說法有名。

第二篇

不朽的諸神

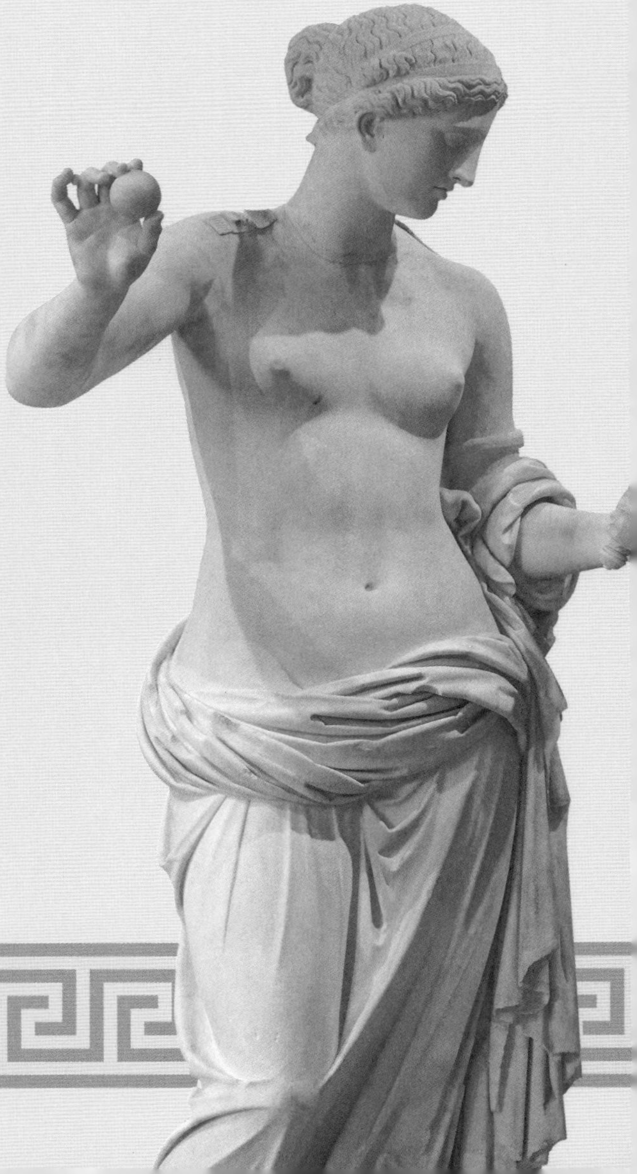

泰坦諸神之《神譜》

曾經統領天地的泰坦巨人中，主要以第一代與第二代的十二大神為主，其中許多已經失勢，被奧林帕斯神取代；而其他在戰爭中選擇站在奧林帕斯陣營的，則得以維持原本的榮耀。

第一代：

大洋氏（Oceanus）：大洋氏是希臘神話中最古老的水系神祇，神話中所有海洋的掌管者。據說他的體型巨大，化身成實體時上半身是人形，下半身則為蛇形或魚尾狀，手如螃蟹般為蟹爪。但在最初的型態中，大洋氏是一條大河或是大海，沿著赤道圍繞整個世界。在

世界上的每條河流、海洋、湖川的精靈都是大洋氏的後代

泰坦神當權時，大洋氏的統領範圍包含地中海、大西洋與全部的海域。當奧林帕斯神族戰勝後，波賽頓取而代之，大洋氏的統領範圍則外放到大西洋外。但大洋氏與妻子泰席絲一同生下的三千名水寧芙還是掌管世界上的每條河流、海域、湖泊。英文中海洋（Ocean）這個字即是來自於大洋氏的名字。

泰席絲（Tethys）：泰席絲同樣是古老的水神，是大洋氏的姊妹也是夫妻，是眾多水神、海神的母親，尼羅河與守誓河都是泰席絲所生。由於這對夫妻在諸神之戰中，選擇了奧林帕斯眾神的陣營，甚至將天后希拉視為繼女撫養，因此並未隨著其他泰坦神失去權勢，甚至在新世紀中仍佔有相當的地位。在《伊里亞德》中就曾描述希拉因為宙斯的出軌，對其出軌對象變身成的大熊、小熊星座耿耿於懷，於是便欺騙宙斯，偷偷獨自前去會面泰席絲，請求她的幫助。泰席絲因此讓大熊、小熊星座永遠無法與其他星座一起落於地平線之下。

克羅諾斯（Cronus）：克羅諾斯是泰坦神的統治者，即使年齡最輕，但最足智多謀也最勇敢，更是唯一膽敢直接面對天父烏拉諾斯並推翻霸權的神明。因此烏拉諾斯死後，統治權落在克羅諾斯與其妻瑞亞手中。而在諸神之戰裡，克羅諾斯所統領的泰坦神族大敗，許多泰坦神都被宙斯囚禁在地獄深處塔爾塔羅斯中，克羅諾斯自己卻逃走了。據說他逃到了義大利，並創造了黃金人種，那裡沒有四季之分，人們都幸福又快樂，因此被稱為黃金世代。

瑞亞（Rhea）：瑞亞是克羅諾斯的妻子，也是姊妹，克羅諾斯從父親手中拯救出自己的兄弟姊妹，卻也害怕自己遭受同樣命運，於是將自己與妻子所生的每個小孩都吞下肚。瑞亞不知道該如何是好，只有尋求母親蓋亞的幫助，最後瑞亞用布包住大石頭，假裝是宙斯讓克羅諾斯吞下，其實另外將宙斯好好地藏在克里特島。這是一段不斷重複的命運。天父烏拉諾斯被親生兒子殺死後，克羅諾斯也得到同樣的預言，自己將被親生兒子所害，因此才將每個孩子都吞下肚。後來宙斯在推翻克羅諾斯時，也得到了這樣的預言，於是宙斯預先吞下了他與密蒂絲的孩子——雅典娜，再讓雅典娜由他的額前重生，才中止了這段不斷重複的命運。

海波利昂（Hyperion）：光之神。第一代泰坦神之一，他的後代都相當有名，包含太陽神西里奧斯、月神席琳與黎明之神艾歐絲。因為當年在推翻父親烏拉諾斯時，負責站在東方限制天父的行動，因此又被認為是代表東方的神明。

賽亞（Theia）：亮之神，海波

利昂之妻，她同時也掌管著金、銀與珠寶。

考伊斯（Coeus）：在希臘神話中出現的次數並不多，神話中僅提到他也是當年參與推翻天父的四名泰坦神而已，他的後代卻占有舉足輕重的地位。女兒樂朵後來與宙斯生下阿波羅與阿緹密絲，後來都成了奧林帕斯十二大神。據說考伊斯與妻子菲碧都擁有知悉天命的能力，失勢以後預言的能力就傳到了孫子阿波羅身上。

據說寧末辛在天庭的位置位於宙斯之後，負責向他提供各種意見與知識

菲碧（Phoebe）：考伊斯之妻，為智慧與光明之神，曾有傳說她是最古老的月之神，但後人普遍將泰坦月神之名歸於席琳。她同時也掌管預言，菲碧的希臘原文就是預言的意思。

寧末辛（Mnemosyne）：記憶與回憶之神，在許多傳說中她也是時間之神。據說寧末辛發明了文字和語言，並在尚未有文字出現時就保留下先前的歷史。神話中描述她與宙斯共度了九個夜晚，生下九位繆思女神。她的後代繼承了她的天賦，提供詩人們源源不絕的靈感，創造出許多偉大的史詩。

克瑞歐斯（Crius）：同樣為大地女神與天父之子，但克瑞歐斯不太有名。神話中僅描寫他曾參與對陣奧林帕斯諸神長達十年的戰爭，並於戰敗後與他的兄弟們一同被流放到可怕的塔爾塔羅斯中。

伊普特斯（Iapetus）：不朽與生命之神，他是普羅米修斯、艾比米修斯與亞特拉斯之父。傳說普羅米修斯是人類的創造者，給予人類生命，因此伊普特斯被視為生命的給予者，代表不朽的生命。

泰米絲（Themis）：公平與正義的化身，掌管秩序與天命，她同時也擁有預言能力，在阿波羅之前曾有一段時間，戴爾菲神殿中給予女祭司神諭的是泰米絲。據說最早教導人類秩序與道德的也是泰米絲。她與宙斯生下許多子女，其中最重要的包括時間之神赫蕾伊、命運女神莫蕾伊、正義之神迪克。

太陽神的黃金馬車

第二代：

西里奧斯（Helios）：在希臘神話中，西里奧斯就是太陽的實體化身，他是光與亮的孩子，因此擁有照耀大地的能力。每天早上西里奧斯駕駛馬車由黃金宮殿奔向天際，一天的序幕就此開始。由於西里奧斯於諸神大戰中選擇與奧林帕斯神並肩作戰，因此在泰坦神式微後，還是擁有身為太陽神的榮耀。

席琳（Selene）：席琳是西里奧斯的姊妹，也是女月神。神話中描述席琳為背後有雙翼、面色蒼白、頭髮漆黑的女子，頭上戴有閃亮的光環。每當哥哥西里奧斯循著天際回到宮殿時，便輪到席琳駕駛銀色的馬車奔上天空，將世界染成銀白一片。她的代表象徵就是新月的圖案，狗、牛與雞是她的聖獸，當夜晚來臨時，跟隨女神一同在黑夜中馳騁。

艾歐絲（Eos）：黎明之神。當西里奧斯與席琳的馬車交會之時，就是艾歐絲出現的時刻。艾歐絲是海波利昂與賽亞三個孩子中的長女，據說外表非常美麗優雅，穿著白色的袍子，每當她出現，就會有

女月神與情人，上方為姊姊艾歐絲與哥哥西里奧斯

據說每天早晨艾歐絲都會於植物與花瓣上灑下露珠

玫瑰花的芬香伴隨而來。據說艾歐絲背後也有翅膀，因此她不駕馭馬車，每當席琳回到大河末端時，艾歐絲會用纖細、高雅的手指替西里奧斯打開大門，讓大地從夜晚的迷霧中重新恢復光明。

樂朵（Leto）：樂朵是考伊斯與菲碧的孩子。雖是神明，命運卻相當可憐。因為與宙斯有染，天后希拉怒令所有島嶼不得收容樂朵，差點害死她腹中的胎兒，幸而最後戴洛斯小島可憐她，讓她暫時棲身，才得以安然生下雙胞胎。她就是真理之神阿波羅與女獵神阿緹密絲之母。

亞絲特瑞亞（Asteria）：亞絲特瑞亞是樂朵的姊妹，掌管星辰與夜間的事物，據說占星與死靈巫術都屬於她管轄，人們於夜晚夢境間得到的模糊預言也是亞絲特瑞亞給予的。在泰坦神戰敗後，宙斯追求美麗的亞絲特瑞亞，但女神深知與宙斯相愛的女子最後都沒有好下場，於是化身鵪鶉逃至海上，最後被希拉變成一座小島，無根無地基，只能永遠不斷地漂流。

亞特拉斯（Atlas）：亞特拉斯是伊普特斯跟艾希亞所生的第二代泰坦神族，在諸神之戰中擔任領導的地位。即使威猛強大，仍不幸落敗，大多數泰坦神被流放到塔爾塔羅斯，宙斯深怕大地之母蓋亞與天空的結合再產生更多怪物，因此懲罰亞特拉斯負責支撐天空，讓天與地分離。肩上扛著重擔的亞特拉斯因此永遠無法休息，永無止盡地擔任天地支撐者的任務。

普羅米修斯（Prometheus）：在諸神之戰時倒戈投向奧林帕斯陣營，因此頗受宙斯信任，還被授與創造人類的重任，但後來普羅米修斯與宙斯之間發生嫌隙，他愛笨拙的人類更勝天神，幫助人類欺騙天神，因此被懲罰綁在岩石上，任由巨鷹啃咬，下場相當悽慘。

艾比米修斯（Epimetheus）：與普羅米修斯、亞特拉斯是親兄弟，普羅米修斯被稱為先見之明，艾比米修斯則被稱為後見之明，他也是世界上第一個女人潘朵拉的丈夫，即使哥哥警告他千萬不能接受潘朵拉為妻，他看到美麗的潘朵拉仍舊欣喜接受，最後釀下大禍。

門諾提厄斯（Menoetius）：系出名門，也是普羅米修斯與亞特拉斯的兄弟，但是不太出名。他代表的是無可控制的怒氣與衝動，在諸神之戰中，被宙斯以閃電擊中，直接丟進塔爾塔羅斯，之後就再也沒有他的相關故事了。

密蒂絲（Metis）：密蒂絲是力量強大的女神，意志堅強、聰明冷靜、神話中描述她是唯一同時具備睿智與狡猾的女神，連宙斯都自認不如，因此他認為與其將密蒂絲視為敵人，不如招募為盟友。然而，他被密蒂絲的美貌誘惑與之結合，女神懷孕了，宙斯深怕生下來的後代威力無窮、無神能敵，因此將懷孕的密蒂絲吞下肚。後來孩子自行從宙斯的前額出生，就是被稱為智慧女神的雅典娜。

亞斯特拉歐斯（Astraeus）：黃昏之神。他是黎明女神艾歐絲的丈夫，兩個屬於日與夜交界的神明生下了許多神明，北風、西風、東風與南風都是他們的孩子。據說他同時也掌管星辰與星球，他的名字亞斯特拉歐斯就是「星辰」的意思。

帕拉斯（Pallas）：帕拉斯為矛的意思，是泰坦神中的戰爭之神，勝利、力量與威力據說都是他的孩子，他在諸神之戰中單挑雅典娜，結果雅典娜戰勝，剝下了他的皮當作盾牌，從此雅典娜的盾牌成了無堅不摧的神盾。

BOX

亞特拉斯雖然戰敗，但由於他肩負著支撐天地的重任，因此在神話中相當出名，後人將他描繪為舉著地球的巨人，也讓亞特拉斯成為世界地圖的另外一種說法。

WORLD ATLAS = WORLD MAP

天父宙斯

宙斯，是十二大奧林帕斯神明之一，奧林帕斯仙境中的領導者。他不僅是眾神之王，同時也是天空與雷霆之王，所有的奧林帕斯神中，以他的威力最為強大，他曾經誇下海口，全部的神明加起來都敵不過他。

宙斯

當奧林帕斯眾神推翻泰坦神後，三兄弟抽籤來決定誰統治天庭、海洋與地獄，宙斯抽到奧林帕斯山，從此成為天庭之王，波賽頓抽到了海洋，因此成為海神，陰沉的黑帝斯抽中了地獄，因此獨自來到陰暗的地底稱王，天、海、冥界三界的統治權就這樣定下，泰坦神的時代正式終結。

不過，雖然宙斯如此英勇又強大，但希臘神話中關於宙斯的故事，多半還是風流韻事，這樣的形象轉變相當奇妙。宙斯是個花心的神明，即使天后希拉高雅又美麗，還是無法滿足他貪婪的心靈，因此時常聽到宙斯與其他神明生子，或是巧妙化身來到人間追求年輕少女，並產下後代的故事。由於是天神的後代，他們註定都會有些不凡之處，也在歷史中扮演足以牽動命運的角色。

據說宙斯曾經愛上斯巴達的皇后列妲，但苦於無法接近，於是偷偷化身成天鵝，悄悄接近列妲。之後，列妲懷孕了，生下兩顆蛋，每顆蛋各生了兩個孩子，其中之一就是號稱希臘第一美女的海倫，後來海倫間接引發了希臘神話中最漫長的一場戰役——特洛伊戰爭。

各地神話的眾神之父比較表

地區	名稱	個性與職掌
希臘神話	宙斯（Zeus）	天空與雷霆之神，因為希臘神話中的神不受生老病死影響，所以天性自由。尤其是宙斯，他的個性相當自傲、風流，雖具有無窮的力量，卻非全知全能。
北歐神話	奧丁（Odin）	戰爭與智慧之神，奧丁常被形容成高大、冰冷、睿智且嚴肅的神明。許多神話中都指出他也是好戰的領導者。
埃及神話	拉神（Ra）	太陽神，拉神擁有至高無上的地位，法力高超，卻也會被巫術蒙蔽，具有弱點。

宙斯的關係圖

關係	名稱
父親	泰坦神克羅諾斯
母親	泰坦神瑞亞
配偶	希拉

宙斯的後代（神明）

母親	後代	解說
艾珈（Aega）	艾吉潘（Aegipan）	牧神
泰米絲（Themis）	莫雷伊（Moirae）	命運女神，共有三位
迪密特（Demeter）	柏瑟芬（Persephone）	春神
攸利多迷（Eurydome）	葛麗絲（Grace）	美姿女神
希拉（Hera）	阿利斯（Ares）	戰爭之神
希拉（Hera）	厄里斯（Eris）	不和女神
希拉（Hera）	希碧（Hebe）	青春之神
希拉（Hera）	黑法斯托斯 （Hephaestus）	火神
樂朵（Leto）	阿波羅（Apollo）	真理之神
樂朵（Leto）	阿緹密絲（Artemis）	女獵神
美亞（Maia）	漢密斯（Hermes）	使神
寧末辛（Mnemosyne）	繆思（Muses）	繆思女神，共有九位
施美樂（Semele）	戴奧尼修斯（Dionysus）	酒神

宙斯的後代（凡人）

母親	後代	解說
艾吉娜（Aegina）	艾伊庫斯（Aeacus）	艾吉那的國王，死後成為陰間判官
艾可米妮（Alcmene）	海克力士（Heracles）	出名的大力士
安蒂歐佩（Antiope）	安菲昂（Amphion）與賽西斯（Zethus）	雙胞胎兄弟，合力建了底比斯城
卡利斯托（Callisto）	阿卡斯（Arcas）	母子倆後來成為大熊與小熊星座
列妲（Leda）	海倫（Helen）	希臘第一美女
列妲（Leda）	克萊門奈絲查（Clytemnestra）	希臘統帥阿葛曼儂的妻子
達妮（Danaë）	帕修斯（Perseus）	大英雄，麥錫尼的創立者

天父宙斯

海神之王波賽頓

波賽頓

波賽頓是海神之王，統領所有水、河、海神，希臘人相信所有的河流、小溪最後終會流歸大海，因此都歸波賽頓所管轄。由於波賽頓長年居住於海中，身形也慢慢變得半人半魚，根據神話中描述，他的上半身是人類，臉上長滿大鬍子，下半身卻是魚尾巴，類似人魚，三叉戟是他的武器也是標誌，在眾多畫像或雕像中都可以見到經典的三叉戟出現。

除此之外，波賽頓同時也是地震之神，據說他擁有可以震搖大地的力量，讓新陸地自海中升起。水手們也都崇敬他，獻上珍貴的馬匹向海神祈求平安，因此波賽頓也被視為馬匹之神。

波賽頓在希臘民間信仰中相當受到尊崇，大海變幻莫測，隨時都有可能喪命，因此水手們都相當迷信，為波賽頓建造一座又一座神殿。希臘第一大城雅典，本來也是屬於波賽頓的城市，不過他在一場競賽中，輸掉了雅典。

傳說，雅典娜與波賽頓競爭雅典城的主神地位，波賽頓舉起三叉戟，在地上創造出噴泉，雅典娜則給予希臘人最珍貴的橄欖樹，雅典人無法抉擇，於是發起投票，男人們全都投給了海神，女人卻都投給了雅典娜，由於女人的人數比男人多一位，所以雅典娜奪得了雅典，波賽頓因此飲恨落敗，雅典的男人為此剝奪了女人的投票權以示報復。但在雅典每年的祭典中，波賽頓還是與雅典娜共同分享榮耀。

海神波賽頓與安菲區特

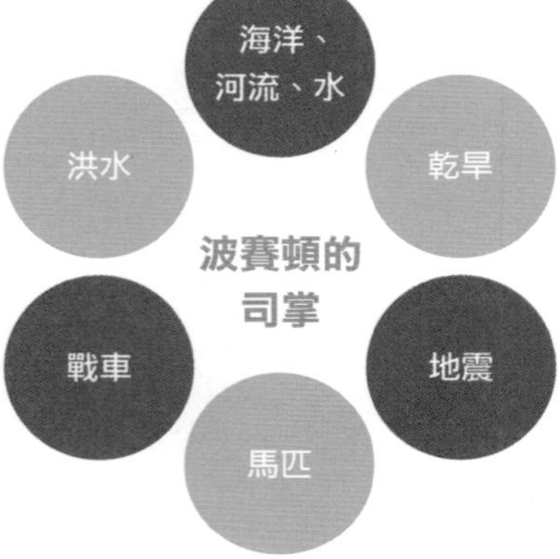

希臘神話中的海神、水神們

名稱	描述	配偶
布列歐斯（Briareos）	布列歐斯為希臘神話中的百手海神，是非常古老的神明，母親為大地之母蓋亞。傳説身形非常巨大（他有一百隻手，還有五十顆頭），具有神力，甚至能敵過泰坦神，且個性相當火爆，是掌管暴風雨的海神。	他的配偶是海神波賽頓的女兒凱莫波利亞
安菲區特（Amphitrite）	安菲區特的父母都是泰坦神，因此在奧林帕斯神明的統治下，即使安菲區特也具有女海神的身分，但大多時候僅以波賽頓的配偶身分被提及。	配偶為海神波賽頓
尼瑞斯（Nereus）	尼瑞斯是希臘神話中的泰坦海神之一，尤其代表地中海，地位後來被波賽頓之子崔頓取代。	
大洋氏（Oceanus）	老一代的海神，統領所有的海洋，包含大西洋與地中海，身分為泰坦神，即使後來失去權勢，還是在希臘神話中佔有重要的地位。	

波賽頓的後代

母親	後代	備註
安菲區特	崔頓（Triton）	同樣是海神的崔頓，外貌與父親類似，下半身為魚尾。
安菲區特	凱莫波利亞（Cymopoleia）	凱莫波利亞是暴風雨精靈，據説身形龐大，嫁給了百手海神布列歐斯。
安菲區特	班西克米（Benthesicyme）	班西克米是海浪精靈，嫁給了衣索比亞的國王伊那羅斯。
安菲區特	羅黛（Rhode）	羅黛是愛琴海上的羅黛島精靈，據説她的丈夫為泰坦神西理奧斯。（羅黛的母親有爭議，許多傳説中為安菲區特，另有一傳説為阿芙蘿黛蒂）
未特別提及	波提爾斯（Proteus）	波提爾斯是神明，且具有先知的能力，據説他還擁有可以不斷變化外型的能力，藉此嚇走不少想要探聽未來的人們。
迪密特	亞利昂（Arion）	亞利昂據説是一頭擁有不死之身的馬。波賽頓追求迪密特不成，迪密特化身成馬意圖逃走，卻還是被波賽頓玷汙，以馬的化身生下了亞利昂。
迪密特	迪斯波娜（Despoena）	迪斯波娜是一個稱號，她的真名無人知曉，身分是豐收女神，與母親迪密特職掌相似。
泰波妮（Theophane）	克桑瑪洛斯（Chrysomallus）	克桑瑪洛斯是毛皮像黃金一般的羊，還擁有飛行能力。在奧維的《變形記》中描述，國王阿泰姆斯為了娶新皇后英諾，因此聽信英諾之言，將兩個孩子，男孩普力梭斯（Phrixus）與女孩海拉（Helle）獻祭給天父宙斯。孩子們大聲向宙斯呼救，宙斯派遣金羊克桑瑪洛斯前往搭救，結果女孩在飛越海峽時不慎墜落，只有男孩生還。男孩殺死金羊，獻給願意收留他的科奇斯國王伊特斯，宙斯為了紀念金羊的功績，將它變成天上的星象，這就是白羊座的由來。

各地神話海神比較

地區	名稱	解説
中國神話	海龍王	海龍王與波賽頓相當類似，同樣住在海底宮殿中，統領海中所有生物，只不過外表與波賽頓相反，身體為人形，臉孔為龍的形狀。
居爾特神話	瑪南．瑪可里爾（Manannán mac Lir）	瑪南．瑪可里爾統領海洋、海中生物與所有與海有關的事物，據説他擁有長髮跟一臉大鬍子，外表看起來不起眼卻相當狡猾，是戰場上的常勝軍。
北歐神話	艾吉爾（Ægir）	艾吉爾是北歐神話中相當古老的神明，也有傳説他其實是巨人族，統領所有的海洋，個性嚴肅，因此北歐人往往對他感到敬畏與尊崇，不過他同時也以喜愛替神明們舉辦盛大的晚宴而聞名，是個衝突的角色。

支配冥界的黑暗之神：黑帝斯

黑帝斯是宙斯的哥哥，克羅諾斯與瑞亞生下的第一個兒子，他又被稱為「看不見的」，據說乃是因為他擁有一件可以隱形的袍子，只要披上這件隱形袍，任何人、神都無法看見他。

黑帝斯

黑帝斯統領死者與陰間，因此希臘神話的陰間也被稱為黑帝斯。他是冥王，凡人死去後靈魂都歸他管，神話裡頭把他描寫成性情陰鬱、冷酷無情的神明，但他同時也有好的一面，許多人視他為財神，這大概與希臘人認為財富都埋藏在地底下有關。金礦或銀礦都來自於地底，在土壤上灑下種子也會長出肥碩的果實，因此掌管死者的冥王被視為財神而被普遍崇拜著。

然而，即使是地下之王，黑帝斯一個人看著奧林帕斯眾神在天庭遊玩還是會感到孤單。傳說中他請宙斯配婚，宙斯選擇了大地女神迪密特的女兒，卻瞭解迪密特可能不

黑帝斯的後代

配偶	後代	描述
柏瑟芬	梅麗諾（Melinoë）	梅麗諾是掌管陰暗思緒的女神，白天待在鬼魂盤據的陰間，夜晚則隨著鬼魂來到人間，在人心中植入各種陰暗的思想與恐懼。據説夜晚時，狗若對著黑暗狂吠，就是梅麗諾經過的證據，她背後的兩隻翅膀，一隻為白色，一隻黑色，象徵遺傳自她父母一黑一白的個性。

會同意這樁婚事，於是請黑帝斯綁架了柏瑟芬。

另外有一種說法是小愛神愛羅斯闖的禍。他將愛的箭射入黑帝斯的心，讓他看見美麗的柏瑟芬就失去理智，因而綁架了她。

除此之外，黑帝斯幾乎是奧林帕斯眾神中唯一循規蹈矩的神明，沒有多少外遇韻事。宙斯不斷地出軌，他則只愛冥后柏瑟芬一人，他也不會任意玩弄凡人的命運，大多時間僅待在陰間，將死者的世界管理得有條不紊。

BOX

可能因為是冥王的緣故，常讓人誤會黑帝斯也是死神，事實上，希臘神話中的死神另有其人，名叫贊納陀士。他是真正的死神、死亡的象徵，遠比黑帝斯還古老。在《伊里亞德》中提到他是黑暗之神與黑夜女神的孩子，與睡神是親兄弟。

冥王綁走柏瑟芬

善妒的女神：天后希拉

希拉

希拉是奧林帕斯十二大神之一，也是眾神之王宙斯的妻子。在神話中她原本是宙斯的姊姊，一出生就被父親吞下肚，後經過宙斯的解救才得以復活。希拉是希臘神話中婦女的守護者，尤其是懷孕婦女的守護神明。古希臘婦女難產時，呼叫的都是希拉的名字，也因此希拉的雕像常被塑為手持紅石榴的姿勢，手中的紅石榴代表的就是嬰孩生育與死亡。

希拉是希臘神話中具有舉足輕重地位的神明，在希臘故事中出現的次數相當頻繁，並不因其為已婚女性，需以丈夫為重而地位低下；相反，希拉在奧林帕斯仙境中擁有相當的權威。據說天父宙斯當時深深為美麗的希拉著迷，允許希拉婚後保留自己的尊榮，因此天后身邊不僅隨時有侍女，連宙斯的雷霆也可為希拉所用，其地位僅次於自己的丈夫。

但比起宙斯的風流形象，希拉的形象更偏於莊嚴、莊重，受到民間的支持與愛戴，荷馬史詩中描述：「我向坐在黃金寶座上的瑞亞之女獻唱，她是永恆之后、擁有無比美貌，是雷神宙斯的妻子與姊姊，奧林帕斯仙境崇高地位的女神，連宙斯都以雷霆表示歡欣。」

因宙斯多次出軌，導致希拉背負善妒與善於報復的罪名，尤其是對丈夫的出軌對象與後代，希拉多半採取相當殘忍的報復手段，因此希拉也被視為婚姻之神，因為她守護著神聖的婚姻，不容許另一半欺騙與出軌。

希拉對付宙斯偷情對象的手段

第三者	與宙斯的後代	解說
艾可米妮	大力士海克力士	希拉派了兩條大蛇殺死當年還是嬰兒的海克力士，沒想到大力士從小就具有神力，在襁褓中殺死兩條巨蛇。
樂朵	阿緹密絲、阿波羅	希拉發現樂朵懷孕後，將樂朵放逐，軟禁生育女神，禁止她幫樂朵接生。不允許樂朵在任何土地上生產，樂朵只能漂流於大海中。 阿波羅出生才四天，希拉就派大蛇去殺死樂朵，幸好阿波羅用銀箭殺死大蛇。希拉後來又派巨人提特洛斯去殺死她，阿波羅尋求孿生姊姊的幫助，再次趕走巨人。 宙斯眼見樂朵接二連三遭受委屈，終於出面將巨人貶入塔爾塔羅斯。
施美樂	酒神戴奧尼修斯	希拉化身女僕，悄悄將懷疑的種子傳播到施美樂心中。讓施美樂逼宙斯對守誓河發誓，願意達成她的任何願望。 施美樂中計，要求宙斯以奧林帕斯神身分顯現於自己面前。但凡人無法承受天神的光芒，而宙斯已經在守誓河前面發誓，無法違背自己的諾言，於是含淚依照情人願望，顯現出自己的光輝。 果然施美樂活活地被宙斯的光芒燒死，宙斯眼見情人已經死去，只好將施美樂的肚子挖開，將當時還是嬰兒的酒神取出。
愛歐	無	當希拉發現宙斯與愛歐以後，宙斯試圖將愛歐變成一頭白牛，隱藏他外遇的事實，但是希拉識破了宙斯的陰謀。她向宙斯討牛，說這是她所見過最漂亮的一頭母牛，宙斯沒有理由不給她，於是希拉將愛歐藏起來，由百眼巨人看守。據說百眼怪物從來不會將所有的眼睛同時閉上，希拉認為這是萬無一失的計畫，沒想到宙斯派遣漢密斯殺死了百眼巨人。
拉密亞	無	希拉殺死拉密亞所有的孩子，並詛咒她永遠無法閉上雙眼，每日重複看到自己孩子死去的畫面。宙斯同情拉密亞，賜予她可以將自己雙眼摘下來的能力。
卡利斯托	阿卡斯	宙斯愛上卡利斯托，並意圖瞞過希拉，於是將卡利斯托變成母熊，沒想到希拉竟命令女獵神指引阿卡斯射殺變成熊的母親。幸好宙斯出現阻止，將母子二人都變成天上的星象。

單純遭到希拉報復的對象

名字	事由	下場
葛拉娜（Gerana）	葛拉娜是畢格米王國的皇后，外表美麗。人民認為她比希拉還美麗，因此慘遭希拉報復。	希拉將葛拉娜變為鳥類，並詛咒她的後代。
先知泰瑞席爾斯	泰瑞席爾斯本來是阿波羅的祭司，一日遇到兩條蛇扭打，他無法跨越，於是以手杖驅趕雙蛇，沒想到蛇本身具有法力，將泰瑞席爾斯變成女人。七年後泰瑞席爾斯碰到同一批蛇扭打，於是又用手杖驅趕蛇，重新變回男兒身。原本故事與天后無關，但是希拉與宙斯爭論究竟是男人比較幸福還是女人，兩人起了爭執，最後由泰瑞席爾斯裁決，因為只有他曾經具備兩者的身分，結果泰瑞席爾斯選擇宙斯的說法，因此遭到希拉報復。	希拉挖掉泰瑞席爾斯的雙眼以示懲罰，宙斯同情他，或多或少覺得自己也該付上某些責任，所以賦予他預知的能力，從此泰瑞席爾斯成為希臘神話中最有名的先知。
帕里斯	帕里斯是特洛伊的小王子，希拉、阿芙蘿黛蒂、雅典娜等三位女神曾請他裁決誰是眾神中最美的，結果帕里斯沒有選擇希拉。	希拉苦無機會報復，剛好爆發特洛伊戰爭，希拉趁機選擇支持希臘，從中搞鬼，間接毀滅特洛伊王室。
艾可（Echo）	艾可原本是一位多話的寧芙，據說當宙斯偷溜到人間與寧芙偷情時，艾可正在草原上嬉笑。希拉趕到人間時，其他的寧芙已經離去，天后無法得知宙斯偷情者的身分，因此將怒氣發洩到艾可身上。	希拉懲罰艾可的多話，懲罰她永遠只能重複別人的最後一句話。其名 Echo 即為英文「回聲」一字語源。

宙斯與希拉

智慧女神：雅典娜

雅典娜是奧林帕斯的女戰神，天父宙斯之女。據說她全副武裝從宙斯的額頭中出生，身著盔甲，手拿長矛與盾牌，是宙斯最引以為傲的女兒，力量不輸天父。

雅典娜

赫西奧德於《神譜》中描述，宙斯希望將密蒂絲娶進門當老婆。因為她是眾神中最有智慧的女神，也贏過世界上所有人類，可以是宙斯的好幫手，但身為泰坦神的密蒂絲當然也是可怕的敵人。

在密蒂絲懷孕時，大地之母蓋亞得知密蒂絲將會生下力量強大且具有智慧的女神，若雅典娜成為泰坦神，她的力量將會強大到足以推翻宙斯。因此宙斯心懷詭計，用計謀奪取密蒂絲的孩子，他將密蒂絲變為蒼蠅，一口吞下肚。

然而，密蒂絲就這樣在宙斯腹中為愛女打造盔甲，宙斯疼痛難當，請火神用斧頭劈開自己的頭顱，卻沒有作用，海神崔頓（波賽頓之子）用大錘子敲打宙斯的額頭，仍然無法成功，最後雅典娜是自行從宙斯額頭出生，一出生已經是奧林帕斯神的身分。當雅典娜成為宙斯之女時，同時也鞏固了宙斯在奧林帕斯堅不可摧的地位。

這也是希臘神話中，雅典娜通常被視為是宙斯自己的孩子，而沒

BOX

雅典娜是宙斯最信任的女神，她得以攜帶宙斯最厲害的武器——雷霆。火神黑法斯托斯特別為宙斯打造的神盾艾吉斯也是由雅典娜保管，可看出宙斯對雅典娜的疼愛。據說神盾無堅不摧，相當堅韌，中間鑲著蛇髮女妖梅杜莎的頭，任何人只要看到神盾，就會化為石頭。

有母親的緣故。

雅典娜的司掌相當複雜，她多才多藝，希臘人視她為智慧女神，相當崇拜雅典娜。同時，她也是正義的化身，人與神有爭執時，通常由雅典娜扮演判官的角色，提供最後的判決，也因此她時常被混淆為希臘的正義女神，其實希臘的正義女神另有其人，名為奧斯特亞（Astraea）。法庭上被蒙住雙眼手持天秤的女神雕像，就是奧斯特亞，神話中描述她原本居住人間主持正義，但是因為人類越來越邪惡，女神對人性感到失望，於是蒙住雙眼，帶著天秤重返天庭。

由單一神明自己生下的神

神明	單一的父神或母神
智慧女神雅典娜	天父宙斯
火神黑法斯托斯	天后希拉
死神贊納陀士	黑夜女神妮克絲
謊言之神波多洛蓍伊	混亂女神愛瑞絲

手持神盾與盔甲的雅典娜，是希臘神話中的智慧女神

雅典娜的司掌

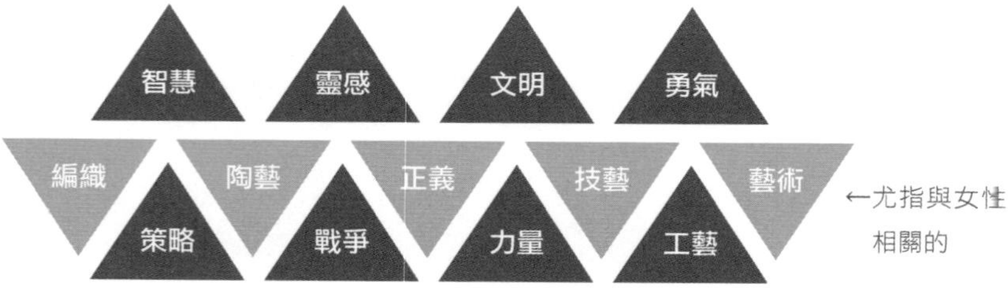

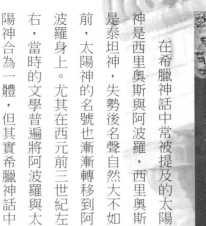

真理之神：阿波羅

在希臘神話中常被提及的太陽神是西里奧斯與阿波羅，西里奧斯是泰坦神，失勢後名聲自然大不如前，太陽神的名號也漸漸轉移到阿波羅身上。尤其在西元前三世紀左右，當時的文學普遍將阿波羅與太陽神合為一體，但其實希臘神話中的正統太陽神是西里奧斯，阿波羅僅是代表太陽的真理之神。

阿波羅

阿波羅與孿生姊姊阿緹密絲在希臘神話中佔有重要的地位，為奧林帕斯十二大神之一。據說當年出生之時，母親樂朵受到希拉的迫害，先是軟禁生育女神不准她幫忙接生，又不允許樂朵在任何土地上生產，於是樂朵懷著雙胞胎在海上漂流。大雨滂沱又急促，即將臨盆的孕婦卻沒有任何一個小島願意收留，除了戴洛斯這一個不出名又沒有根基的小島，雙胞胎神明就在這個小島上出生。宙斯感激戴洛斯島的幫助，幫戴洛斯固定在海上，從此這個小島終於可以不用在海中漂泊，此地也成為阿波羅的聖地。目前阿波羅神殿雖然眾多，但是仍以戴洛斯與戴爾菲這兩地最為出名。

阿波羅的形象相當光明正大，受到人民愛戴，神殿香火鼎盛，一方面是因為阿波羅代表真理，據說他從不說謊，為人光明正大，另一方面也是由於阿波羅的預言相當準確。希臘人若想知道未來發展，往往會前往阿波羅的神廟向女祭司祈求預言，阿波羅在戴爾菲神殿的女祭司被稱為琵西亞（Pythia），她們是神的代言人，每年舉辦九天阿波羅慶典，據說女祭司會神情恍惚地坐在三腳凳上，在地底裂縫冒出的蒸氣中，吐出無比珍貴的預言。據歷史記載，女祭司的活躍時期約於西元前八世紀到西元三九三年左右，之後再無任何阿波羅女祭司的記錄。

阿波羅的司長

阿波羅的女祭司

阿波羅神殿的位置

國家／地區	位置
希臘	柯林斯
希臘	戴洛斯
希臘	戴爾菲
希臘	巴塞（Bassae）
希臘	帕楚斯（Patroos）
賽普勒斯	海拉特斯（Hylates）
義大利／羅馬	帕拉蒂妮（Palatinus）
義大利／羅馬	龐貝城
土耳其	艾丁（Aydin），有兩座
土耳其	安泰雅（Antalya）
土耳其	丹尼茲立（Denizli）

阿波羅的關係圖

親屬	名稱
父親	宙斯
母親	女泰坦神樂朵
攣生姐姐	阿緹密絲

阿波羅的情人：女性

名稱	後代	下場
達芙妮	無	達芙妮變為月桂樹，阿波羅感到相當惋惜，只能將月桂樹設為自己的聖樹懷念。
麗可西亞	無	據說麗可西亞是人間的公主，阿波羅愛上了她，隱藏身分與她在人間廝守，但是麗可西亞的妹妹可麗泰（Clytie）也愛上了阿波羅並感到嫉妒，因此舉發自己的姐姐，麗可西亞遭到活埋懲罰。阿波羅因此報復可麗泰，將她變成了太陽花——也就是向日葵。
賽林妮	阿利斯塔斯	阿波羅與賽林妮產下一子名為阿利斯塔斯，生前是民族英雄，死後成了果樹之神。
卡珊德拉	無	卡珊德拉是特洛伊的女祭司，阿波羅愛上她卻遭到拒絕，基於懷恨的報復心態賜予她預知的能力，讓她只能看到未來而無法改變。
克羅尼絲	阿斯奇皮亞斯	克羅尼絲是阿波羅的情人，但她背叛了阿波羅。阿波羅無法容忍謊言，親手殺死克羅尼絲，再從腹中救活了她的孩子，阿斯奇皮亞斯承襲了父親的職掌，成為醫藥之神，後來也被歸於奧林帕斯神之一。

阿波羅與海西斯

阿波羅與達芙妮

阿波羅的情人：男性

名稱	後代	下場
海西斯	無	海西斯原本是斯巴達的王子，阿波羅愛上他俊俏的外表，守候在他身旁。然而，同樣喜歡海西斯的西風齊飛兒為此深深感到嫉妒，於是趁阿波羅與海西斯玩鐵餅時，故意將鐵餅吹到海西斯身上，海西斯因此死亡，阿波羅為了紀念自己短命的情人，將他的靈魂變成了風信子。
賽普瑟斯	無	阿波羅深愛賽普瑟斯，即使他不愛自己。當賽普瑟斯意外殺死自己最愛的鹿時，他請求阿波羅施展法力讓他能永遠不再流淚，阿波羅將他變成了柏樹，從此不再有眼淚。

女獵神：阿緹密絲

阿緹密絲

阿緹密絲是阿波羅的孿生姊姊，樂朵的女兒。奧林帕斯諸神中只有三位處女神，阿緹密絲為其中之一，她是希臘神話中的女獵神，野生動物的保護者，據說當樂朵生下阿緹密絲後，阿緹密絲即幫助難產的母親生下阿波羅，因此她也被視為保護婦女平安生育的女神。

奇妙的是，阿緹密絲雖然身為野生動物與少女的守護者，不過在希臘傳說中，只要是猝死的女孩都會被認為是阿緹密絲所殺害的。

根據詩人卡利馬奇歐斯（Callimachus）的詩中描述，阿緹密絲向父親宙斯要求六個願望，一是永遠保持處子之身，二是讓她名號響亮，與阿波羅有所區別，三是能為世人帶來光亮，四是能有弓箭讓她狩獵，五是擁有六十位河神之女作為侍女、二十位寧芙看守她的弓與箭，六是成為山與叢林的主人，阿緹密絲不要任何城市崇敬她，她想要的是大自然與其中的生物。

從阿緹密絲所許的六個願望中可以瞭解她的個性，阿緹密絲強悍且獨立，並努力保護她的貞潔，曾有誤闖叢林的獵人，不小心目睹阿緹密絲沐浴，於是被變為雄鹿以示懲罰。

女獵神阿緹密絲

不過阿緹密絲也曾墜入愛河過，傳說她愛上了自己的獵人同伴歐萊恩，最後卻親手殺死了他，也有傳說是阿波羅為了保護姊姊的貞潔，於是派遣蠍子螫死歐萊恩，歐萊恩死後到了天上成為獵戶座，繼續追隨阿緹密絲。

而在歐萊恩之後，就幾乎沒有任何阿緹密絲曾經愛上其他人或神的記錄了。

阿緹密絲沐浴被獵人窺見

希臘神話中的三位處女神

BOX

阿緹密絲時常被誤認為是希臘神話中的月神，真正的月神應該是老一輩的席琳。但狩獵女神也以新月為象徵，阿緹密絲的羅馬對應神明黛安娜也是代表月亮的女神，使得阿緹密絲與月亮之間有些許關聯。

希臘神話中的三位女神阿緹密絲、席琳與黑卡蒂都與月亮有關，詩人們將她們區分為新月——阿緹密絲；滿月——席琳；缺月——黑卡蒂，三位女神結合才成為完整的月亮。因此阿緹密絲的畫像中，時常以三位一體的形象出現，這是結合了另外兩位神明的緣故。

女灶神：海絲蒂亞

海絲蒂亞

海絲蒂亞是女灶神，她名字的含意就是家與爐灶，她是家庭祝福與幸福的給予者，雖然在奧林帕斯仙境中扮演的角色不太重要，在民間信仰裡卻舉足輕重。由於爐灶是家庭中最神聖的地方，其中的火永遠不會熄滅，人們在發誓時都對著海絲蒂亞的火焰許諾，不僅在家中，在城邦之中，公共的爐灶也是獻祭之所，因此獻給眾神的祭品都經由海絲蒂亞呈獻，她擁有可以先挑選祭品的權利。

荷馬史詩中描述，天父宙斯給予她至高無上的榮耀代替婚姻，讓她住在每間房子中，並擁有最豐盛的祭品。她可分到所有神明神殿中的祭品，並且是人間凡人信仰的主要女神。

女灶神對人們相當友善，她的座椅是木頭製的，不像其他神明高高在上。她教導人們如何建立房子與城邦，因此當新城邦成立時，祭司也必須從海絲蒂亞舊的爐火中點燃火焰，接續到新的城邦，代表生生不息的意思。

她也是奧林帕斯三位處女神之一，據說阿波羅與海神波賽頓都愛上她，紛紛追求海絲蒂亞，但海絲蒂亞向宙斯提出想永保處子之身的想法，宙斯准許了她。不過，戴爾菲神殿上還是可以見到阿波羅與她的畫像。

據說她是瑞亞生下的第一個孩子，也最先被父親吞噬，宙斯逼父親吐出孩子時，女灶神卻最後被吐出，因此她同時是最古老，也是最年輕的第一代神族。然而除了民間信仰外，希臘神話中鮮少提及她的名字。

海絲蒂亞的女祭司通常被稱為海絲塔兒，為了侍奉處女之神，她們也被要求要保持貞潔，維持處子之身。

戰神・阿利斯

阿利斯是戰爭之神，與雅典娜的形象不同，雅典娜是勇敢的女戰神，美麗、強壯、無堅不摧，阿利斯卻是熱愛引發戰爭、渴飲人血的戰爭之神，從他的名字便可見到端倪。阿利斯代表毀壞與詛咒之意，他是恐懼的化身，據說他上戰場時駕駛戰車，身旁跟著混亂女神愛瑞絲，還有恐懼、驚駭與死亡，所經之途，哀鴻遍野。

阿利斯

在《伊里亞德》中，宙斯曾經提及，阿利斯是最令他憎厭的奧林帕斯神，希臘人對他的感覺也是相當兩極，一方面認為他相當勇敢，另一方面卻對他的暴力與嗜殺感到不齒。

阿利斯也並非贏得戰爭的保證，在特洛伊戰爭中，他站在特洛伊的一方，他原本答應母親希拉與雅典娜支持希臘，結果阿芙蘿黛蒂誘惑他，鼓動阿利斯站在特洛伊一方，雅典娜對於這種立場搖擺的行為相當惱怒。

特洛伊戰爭時，雅典娜與阿利斯在戰場中短兵相接，雅典娜攻擊阿利斯，阿利斯受傷後哭著逃回天庭向宙斯告狀，沒想到宙斯只覺得他軟弱而趕走了他。

阿利斯特別受色雷斯人喜愛，色雷斯人暴力好戰，某方面來說跟阿利斯很像。據說在阿利斯與阿芙蘿黛蒂出軌被逮到後，色雷斯也是唯一收容他的城市，但奇怪的是色雷斯並非屬於他的城市，希臘沒有城市是專門尊崇阿利斯的。

BOX

關於阿利斯父母的說法有兩種，荷馬在《伊里亞德》中描述宙斯與希拉是他的父母，只是宙斯非常厭惡這個孩子；奧維的《變形記》中卻說阿利斯其實是希拉一個人的孩子，她碰觸到某種花朵，就懷了阿利斯，並單獨生下阿利斯，這也是宙斯對阿利斯沒有好感的原因，因為阿利斯不是他的親生兒子。

戰神阿利斯與愛與美之神阿芙蘿黛蒂偷情，旁邊還可見到長著翅膀的小愛神愛羅斯

阿利斯與愛與美之神生下的後代

配偶	後代	描述
阿芙蘿黛蒂	愛羅斯（Eros）	小愛神，丘比特為其羅馬名
	安特蘿絲（Anteros）	屬於愛神其一，特指回報的愛
	哈莫妮亞 （Harmonia）	和諧女神
	佛波斯（Phobos）	恐懼
	迪墨斯（Deimos）	畏懼
	阿德瑞絲緹亞（Adrestia）	復仇與平衡

與凡人女子的後代（由於人數眾多，因此僅挑選出較具代表性的幾位）

名稱	後代	描述
亞特蘭妲	潘席諾帕厄斯（Parthenopaeus）	其子為對抗底比斯的七位勇士之一。
阿葛拉羅絲	愛西琵（Alcippe）	雅典國王西克洛普斯的女兒，本身並不有名，但由於長得年輕漂亮，波賽頓之子意圖玷汙她，阿利斯殺死他以示報復，結果引發兩派人馬不滿，最後決議開庭審理，傳說這是希臘神話中審議的第一個法庭案件。
愛洛普	愛洛普斯 （Aeropus）	於生產時死亡，阿利斯深怕其子無法存活，於是讓死去的愛洛普尚能分泌母乳，養活了愛洛普斯。
愛爾賽亞	米勒格（Meleager）	斯巴達皇后列妲的姊妹，其子米勒格為希臘神話中的阿爾戈號勇士之一。
艾絲特琪	愛斯卡拉普斯（Ascalaphus）	也曾是阿爾戈號勇士之一，追求過希臘第一美女海倫，後來參加特洛伊戰爭，死於戰場上。
	伊拉米努斯 （Ialmenus）	兩兄弟去特洛伊參戰，哥哥戰死，弟弟活著回來，據說最後住在科奇斯。
卡利兒	畢斯托（Biston）	畢斯托為畢斯托尼亞王國的領導者，該王國引進許多色雷斯習俗。

使神：漢密斯

漢密斯是奧林帕斯十二大神之一，他的父親是宙斯，母親是泰坦神亞特拉斯的女兒——七姊妹星群的美亞。

遺傳了父親的詭計多端，漢密斯相當聰明且狡猾，一般來說他在神話中最常擔任的角色是使者，被視為使神，他尤其是宙斯的專用使神，宙斯有任何命令幾乎都是由漢密斯傳達。同時，他也是小偷之神，因為他聰明卻不走正路，剛出生就做小偷，偷了阿波羅的牛，阿波羅大怒，即使漢密斯沒有留下任何蹤跡，但阿波羅是真理之神，世界上沒有任何事情瞞得過他的眼睛。他向美亞討要嬰兒漢密斯算帳，宙斯幾乎不敢相信，自己的兒子竟然年紀輕輕就做了賊，幸好和密斯八面玲瓏，懂得不要處處樹敵

漢密斯

使神漢密斯與伊尼亞斯，圖中描繪出漢密斯最經典的形象：手持雙蛇杖、頭戴羽翼帽與涼鞋

的道理，將豎琴送給阿波羅言和，阿波羅也原諒了他，但漢密斯的神偷事蹟早已傳遍。

在神話中，關於漢密斯的穿著與形象描述非常清楚。據說他頭戴羽翼帽，手持權杖，腳上穿的涼鞋跟也有翅膀，外貌卻時常改變，有的故事說他是臉上有大鬍子的年邁老人，有的故事中他又是年輕俊俏的男子，這可能也與他的狡猾個性有關，時常變換的外貌讓人摸不清身旁的人就是神偷漢密斯。即使如此，他仍是一位受到人民崇敬的天神，漢密斯對於旅人、牧羊人特別保護，傷害在外旅行的孤獨旅人被視為對漢密斯的挑釁行為，小偷與不務正業的人也特別崇拜漢密斯，原因不言自明。

漢密斯的司掌

動物畜牧	道路
旅人之神	好客之神
使神；使者	外交
貿易	竊盜
語言	寫作
說服	詭計與花招
運動競爭	體育
天文學	占星

漢密斯的後代（沒列出的多半為凡人，神話故事中鮮少提及。）

後代的名字	身分	描述
潘	牧神	荷馬式頌歌中提到是漢密斯與凡人德瑞諾普斯之女所生。
赫米佛托斯	男女情慾之神	是漢密斯與阿芙蘿黛蒂偷情生下的孩子，據說他同時具有男神與女神的身分。
阿葛萊亞	阿葛萊亞是傳遞訊息的精靈，並非神明	生母不詳

BOX

希臘神話中專門傳令的神明主要是漢密斯與彩虹女神艾莉斯，眾神有時召喚這個有時召喚那個，但也唯有這兩位神祇能夠上天下地無所不至，沒有任何地方是他們無法進入的。有趣的現象是，希拉通常喜歡召喚女使者艾莉斯，而宙斯偏好男使者漢密斯。漢密斯幾乎是宙斯的私人傳令官，從來沒有被其他神祇要求傳遞訊息。

愛與美之神：阿芙蘿黛蒂

阿芙蘿黛蒂是希臘神話中的愛與美之神，據說她是女性完美的典範，眾神與凡人都為她痴狂。關於她的出生，某些詩人寫道阿芙蘿黛蒂是宙斯的女兒，但是比較廣為人知的說法是赫西奧德的《神譜》，

阿芙蘿黛蒂

當克羅諾斯閹割父親以後，克羅諾斯被閹割的部位墜入海中，結果從海中產生美麗如珍珠般的泡沫，阿芙蘿黛蒂就是由其中而生，美麗動人。許多學者認為，阿芙蘿黛蒂這個名字的意思就是來自於泡沫，解釋了她的出生。

花心的宙斯照例在看到愛與美之神的當下就深深著迷，展開追求，但卻無法得其所好。其他諸神也在同時紛紛追求阿芙蘿黛蒂，造成一片混亂，宙斯一怒之下索性讓她嫁給又跛腳又醜陋的火神黑法斯托斯，不但間接報了仇也平息眾多紛爭，結果還是無法阻止阿芙蘿黛蒂偷偷出軌。

她與許多神明或凡人都留下後代，除了與戰神阿利斯外遇之外，她還愛上美男子亞當尼斯，甚至與冥后柏瑟芬爭風吃醋，搞得四處不得安寧，宙斯只得出面制止，親自判決將亞當尼斯分為兩神共有，二分之一的時間陪伴阿芙蘿黛蒂，剩下的二分之一則留給陰間孤單的柏瑟芬。

她也愛上過凡人安齊西斯，他是達坦尼亞的國王，一個鄰近特洛伊的小國。安齊西斯其實有正室，但阿芙蘿黛蒂愛上了誰都不管後果，她與安齊西斯有染，產下了伊尼亞斯，在特洛伊戰爭期間，女神還特地來凡間拯救自己的愛人與兒

子，但她只是愛與美之神，凡人根本不怕，還用武器打傷了她，讓愛與美之神狼狽地逃回天庭，伊尼亞斯只得自己帶著老父親逃亡。後來安齊西斯死在西西里附近，伊尼亞斯自己帶領特洛伊剩下的生還者來到義大利，並且開創了另外一番傳奇。

阿芙蘿黛蒂的出生

阿芙蘿黛蒂的後代

對象	後代	描述
火神黑法斯托斯	無所知的後代	
戰神阿利斯	愛羅斯 安特蘿絲 哈莫妮亞 佛波斯 迪墨斯 阿德瑞絲緹亞	
海神波賽頓	羅黛	海精靈
使神漢密斯	赫米佛托斯	男女情慾之神
美男子亞當尼斯	碧羅伊	因為父親是凡人，碧羅伊並未擁有母親的神力。
安齊西斯	伊尼亞斯	凡人，曾參加特洛伊戰爭。

火神：黑法斯托斯

黑法斯托斯是希臘神話中的火與工藝之神，他與雅典娜堪稱奧林帕斯眾神中手藝最好的兩位神祇，因此兩位都被稱為工藝之神。只不過雅典娜擅長的是編織與陶器，黑法斯托斯則是鐵與武器的打造，宙斯的神盾艾吉斯就是黑法斯托斯打造出來的，無堅不摧。

黑法斯托斯擅長打造兵器與火的運用，因此被視為火神，他是奧林帕斯眾神中唯一不完美的神明，阿波羅一向被稱為美男子，阿芙蘿黛蒂更是美豔絕倫的女神，奧林帕斯神個個樣貌出眾，只有黑法斯托斯的外貌非常醜陋，就連親生母親希拉都不喜歡他。

黑法斯托斯是希拉單獨生下的孩子，因為希拉嫉妒宙斯單獨生下過雅典娜，於是她單獨生下了手藝如此精巧的工藝之神，只為蓋過雅典娜的風頭。但黑法斯托斯相貌醜陋又跛腳，雖說眾神還是崇拜他絕妙的工藝技術，他依舊不得其母希拉的歡心。

傳說希拉因為討厭黑法斯托斯的外貌，將他丟下奧林帕斯山，黑法斯托斯在天空中墜落了一天一夜，重重地摔在地面，腳因此摔斷

黑法斯托斯

火神的後代

配偶	後代	描述
阿芙蘿黛蒂	無所知的後代	
阿葛萊雅	艾克萊雅	代表榮耀的女神
	伊佛米	代表歡呼的女神
	伊修妮雅	代表昌盛的女神
	皮洛普瑞席妮	代表歡迎的女神

了，雖然他之後重回天庭，也以黃金打造義肢，但還是無法恢復原來的行走能力，仍變成跛足。《伊里亞德》中也提到相同的故事，但是將他丟下天庭的人變成天父宙斯，由於希拉單獨生下黑法斯托斯，宙斯一怒之下將他丟下天庭洩憤。

他重返天庭後，擔任起天庭的工藝師，與妻子愛與美之神阿芙蘿黛蒂兩人一同住在奧林帕斯仙境中以黃金打造的豪華宮殿裡。看似過得幸福快樂，實際上妻子卻外遇不斷，然而身為火神也不是這麼好欺負的。

他趁外出前在阿芙蘿黛蒂的床上安裝了用黃金打造的精美陷阱，當戰神阿利斯與阿芙蘿黛蒂見面時，他拉起網子將兩人困在其中，拖到眾神面前請宙斯裁決，幸得海神波賽頓排解，他才將他們放開，但阿利斯已經丟盡面子，不敢再與阿芙蘿黛蒂來往了。

黑法斯托斯擁有好手藝，許多著名的神器都是由他打造，包含用來鍊住普羅米修斯千年不壞的鐵鍊

BOX

關於火神配偶的身分，許多神話中皆描述阿芙蘿黛蒂為火神之妻，只是外遇不斷，但赫西奧德提到火神的妻子其實是美姿三女神之一，荷馬在《伊里亞德》中也寫到他的妻子為美姿三女神中的阿葛萊雅，他也的確與阿葛萊雅生下許多後代，因此關於火神的正室夫人身分，目前頗有爭議。

大地女神：迪密特

迪密特是掌管大地的女神，希臘神話描寫她有一頭長金髮，會幫助人類分開稻穀的殼與穀物。在大部份的故事中，迪密特都顯得寬容與善良，但偶爾也會有迪密特懲罰凡人的故事。

迪密特

據說曾有一名叫艾銳席克宗（Erysikhthon）的凡人破壞了迪密特的聖木，迪密特大怒不已，氣沖沖地前來質問其用意，艾銳席克宗嚇壞了，但還是無法停止女神的怒火。迪密特懲罰他擁有永遠無法停止的飢餓感，吃得越多就越感到越餓，喝得越多就越感到乾渴。他同時吃下二十籃食物與二十瓶酒，肚子都快撐破了卻還是飢餓無比，這就是得罪大地女神的懲罰。

迪密特主管農作物成長，最討厭凡人無緣無故砍倒樹木或是浪費食物，她教導人類耕作與務農，這對凡人來說非常重要，如果農作物無法豐收，人民只能餓死，因此可知迪密特在凡間信仰中佔有一定地位。加上迪密特是善良的好女神，從不擺架子，不輕易懲罰凡人，只要看到凡人種植的穀物大豐收，她就感到欣慰。因此人間每年都會有為她舉辦的重大慶典。關於迪密特的慶典本身相當神祕，被稱為愛柳西恩祕

迪密特的後代

對象	後代	描述
宙斯	柏瑟芬	春神，冥王黑帝斯之妻。
波賽頓	亞利昂	一匹神馬。
波賽頓	迪斯波娜	也是農業相關女神，時常在迪密特身後一同接受獻祭。

典（Eleusinian Mysteries），愛柳西恩祕典是以迪密特與其女兒春神柏瑟芬為主，人們每年舉辦該慶典來榮耀迪密特。古希臘有許多神祕慶典，與會者都被要求慶典內容絕對保密，因此現代人對於慶典的了解都不多，其中規模最盛大的就是愛柳西恩祕典。

迪密特本身相當神祕，她是三面女神，同時擁有少女、婦人與老婦三個面貌，三面貌分別代表出生、成長與死亡，因此她與柏瑟芬一度成為死亡後尚存有靈魂、可以轉世投胎的信仰中心，但之後被酒神戴奧尼修斯取代。戴奧尼修斯每年都被殺死再重生，加上愛柳西恩祕典因為過於神祕逐漸式微，酒神的慶祝儀式反而取而代之，成為盛大慶典。

大地女神迪密特

酒神：戴奧尼修斯

戴奧尼修斯是希臘神話中的酒神，他是最後加入奧林帕斯的神明，荷馬提到關於他的事情不多，事實上荷馬根本不把他當作奧林帕斯神，但在之後的詩人與民間信仰中，戴奧尼修斯出現的頻率就變得頻繁了。

戴奧尼修斯

他與迪密特號稱人間兩大神，他掌管葡萄與製作葡萄酒的技術，迪密特則掌管穀物與豐收，是人民最崇敬的兩位神明。

戴奧尼修斯雖然是宙斯之子，但早年的命運相當坎坷，由於母親施美樂是宙斯的情婦，因此不見容於天后希拉。母親施美樂遭希拉用計害死後，宙斯將當時還是嬰兒的酒神帶去給妮莎的仙子撫養，戴奧尼修斯才安然長大。

即使僅是半人半神，但由於父親為天父宙斯，因此戴奧尼修斯也繼承了神力，成為奧林帕斯神，戴奧尼修斯在長大後返回家鄉，遇到他的表兄彭透斯，彭透斯是底比斯的國王，不相信眼前的人就是酒神戴奧尼修斯，他輕蔑地看著眼前衣衫襤褸的年輕人，判定他是個瘋狂的乞丐。戴奧尼修斯不以為意，彭透斯卻逮捕了酒神與酒神的信徒們，酒神好心勸告他，但彭透斯沒有聽從勸告，於是戴奧尼修斯將他身邊的人全都變得瘋狂，以為彭透斯是隻山獅，於是他被自己的母親與姊妹活活撕成碎片，這就是不尊敬神明的下場。

然而，身為天神的戴奧尼修斯，卻還是得承受喪母之苦。他不忍母親的悲慘境遇，親自到陰間將母親的靈魂救出，安置在天空中化為星辰。

戴奧尼修斯在神話中的身分一直相當兩極化，一方面他是葡萄酒神、代表豐收的植物之神，也是戲劇與靈感之神，在人間備受愛戴，民間常有以戴奧尼修斯為主的狂歡派對。另一方面他也是代表瘋狂的神明，這可能與葡萄酒本身的影響有關，小量的酒會引發詩人的靈感，大量的酒卻會讓人失去理智。加上酒神擁有奇怪的幽默感，時常逼瘋不尊敬他的人，因此兩種形象同時加諸在他身上也不足為奇。

酒神的後代

後代	對象	描述
普萊阿普斯	阿芙蘿黛蒂	園藝之神
迷希	母親不詳	代表酒醉的精靈
緹莎	母親不詳	代表瘋狂的精靈，常伴酒神身邊
潘席希亞	母親不詳	睡神的老婆

酒神與女祭司

春神：柏瑟芬

據說大地女神迪密特特別寵愛其女柏瑟芬。她生得年輕可愛、天真無邪，與同伴在草地上玩耍、摘花，壞事卻發生了。

某一天大地裂開來，柏瑟芬被綁架，就此從地面消失，遍尋不著。迪密特到處奔走，試圖找到關於女兒失蹤的線索，但沒有任何人與任何神告訴她發生了什麼事情，於是迪密特去尋找阿波羅，真理之神知道一切真相，他告訴迪密特，她的女兒現在正在冥府，是冥王黑帝斯綁架了她的女兒作他的妻子。悲傷的迪密特不吃不喝流浪於人間，世間農作物因為女神的哀傷，種子無法發芽、果樹枯萎，人間陷入一片哀戚，造成大饑荒。

春神柏瑟芬

宙斯眼看凡人受苦，讓自己的母親瑞亞去安慰迪密特，並派漢密斯到陰間將柏瑟芬帶回，柏瑟芬在陰間每日以淚洗面，陰森森的地府跟人間不同，沒有陽光也沒有歡樂，她悲傷地坐在冥王座旁，盼望

各國神話中春神的比較

地區	名稱	描述
希臘神話	柏瑟芬	因被冥王綁架至陰間，每年春天的時候才能復活回到地面。
居爾特神話	瑟納諾斯	每年冬天瑟納諾斯會衰老凋零而死，到了春天來臨時化身雄鹿重生。
斯拉夫神話	賈瑞羅	每年冬天賈瑞羅會進入陰間，呈現死亡狀態，當春天來臨時會再度復活，將陰間的綠意（斯拉夫神話中的陰間沒有四季之分，永遠都像春天一樣）帶往人間。

能回到母親身邊。

漢密斯帶回了柏瑟芬讓迪密特感到歡欣不已，也發現人間因為她的緣故變得荒蕪，凡人都快餓死了。內疚的女神馬上發揮神力，讓果樹結實纍纍、田間稻穀瞬間長高、綠葉出現，人間歡欣一片。

然而，柏瑟芬離開陰間前曾經吃了一顆種子，而吃過陰間食物的人是無法回到陽間的，於是柏瑟芬註定要返回陰森森的地底與母親分開。每年，柏瑟芬會返回陰間三個月，這三個月間，迪密特見不到女兒，大地因此變得寒冷、萬物不生；但當柏瑟芬回來陽間陪伴母親時，頓時春天來臨，花朵再度綻放，果樹也開始生長，據說這就是人間一年四季的由來。柏瑟芬也因此成為春神。

使神漢密斯將柏瑟芬從陰間帶回，交給她的母親迪密特

復仇女神：艾利尼絲

復仇女神艾利尼絲共有三位，從天父克羅諾斯被閹割時流出的血中而生，輩份比奧林帕斯諸神還古老。她們掌管復仇，只要凡間有罪人，她們就永遠不會消失，受到委屈的人可以召喚艾利尼絲替他們復仇，尤其是殺死親生父母或是子女的罪惡，是艾利尼絲最厭惡的。

她們大部分時間都待在陰間，有罪人犯罪才來到凡間，因此她們又被視為冥王與冥后的侍從，替他們在陰間折磨那些違背誓言的人。

據說艾利尼斯的外表相當恐怖，穿著送葬用的黑袍子，背後有黑色的翅膀、頭上的頭髮像毒蛇一樣，手持鞭子，臉孔也相當嚇人，有時甚至被描繪為動物的頭顱。被她們盯上相當不好受，艾利尼絲的懲罰不僅嚴厲且從不間斷，還會活活將人逼瘋至死。

在史詩《奧雷斯提亞》中，奧雷斯特為報父仇，謀殺了母親及其情夫。艾利尼絲當然不會放過他，追他追到天涯海角，奧雷斯特被追得瀕臨瘋狂，處處看到蛇髮女神追著他。她們雙眼充滿血絲，樣子可怕極了，要求他為自己的罪行償命，無計可施的奧雷斯特只得找真理之神阿波羅求救，詢問如何才能逃脫艾利尼絲的追捕。

阿波羅同情他，明白他雖然弒母，卻是為了報父仇，所以帶他去尋求雅典娜的幫助。雅典娜扮演判官的角色，她聆聽阿波羅與奧雷斯特的辯護與艾利尼絲的控訴，明白整件事情的來龍去脈，於是主持正義，要求艾利尼絲放過奧雷斯特，還他自由。奧雷斯特才終於得以保命。

復仇女神的後代

後代	對象	描述
艾松、非洛吉歐斯、卡納波斯、菲柏斯	緹西豐與北風波瑞斯所生	為四隻永生不死的馬匹，負責拉戰神阿利斯的馬車。
伊斯滅尼歐斯之龍	緹西豐與戰神阿利斯所生	是一隻巨龍，守衛底比斯附近的伊斯滅尼歐斯。

BOX

希臘神話中有多組以三為單位組合而成的女神，除了復仇女神外，還有命運女神與美姿女神。女妖中，蛇髮女妖梅杜莎與她的姊妹也是三人，梅杜莎的親戚瞎眼灰娘也是三人組合，相當奇妙。

三位復仇女神的名字

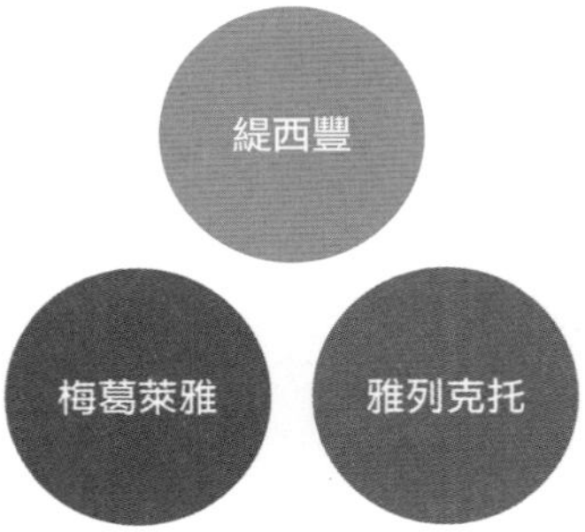

奧雷斯特試圖躲避復仇三女神的追逐，最左邊為奧雷斯特母親的鬼魂

黑暗與巫術之神：黑卡蒂

黑卡蒂是希臘神話中的巫術女神，也被稱為鬼魅之后。關於黑卡蒂的身世眾說紛紜，唯一可以確定的是她遠比奧林帕斯眾神古老，是泰坦神族的後代，但通常又不被視為泰坦神。她跟迪密特一樣是三面女神，一面為老婦、一面為婦人、一面為少女，也有傳說認為黑卡蒂其實是與阿緹密絲、席琳三位一體的女神，代表死亡、生命與出生。

黑卡蒂

神話中描述黑卡蒂可以自由進出陰間，因此她也曾協助迪密特尋找其女柏瑟芬，在夜晚持火炬搜尋大地與冥界，並於柏瑟芬回到地面時陪伴冥王黑帝斯。她也是代表黑夜與月亮的女神，尤其指月陰，看不見月亮的夜晚是屬於她的日子。

奇特的是，她雖為遠古女神，榮耀卻是由宙斯所賜予。宙斯給予黑卡蒂貴重的禮物，讓她擁有大地和不產穀物的海洋，並在繁星點綴的天空中獲得榮耀，極受永生眾神的敬重。直到今日，無論何時，大地上任何一個人按照風俗奉獻祭品和祈求恩惠，都能呼喚黑卡蒂的名字，除了宙斯的女兒女灶神海絲蒂亞，其他神明是無法分享眾神的祭品的，唯有黑卡蒂例外。

她也被視為三岔路口的女神，三岔路口在古代一直都被視為是巫術與黑暗聚集的地方，死靈巫術中將死者復活的巫術通常都在三岔路口進行，因此在三岔路口時常看到黑卡蒂的雕像，讓這位原本力量強大的夜之女神，後來的形象轉趨於黑暗，與死者的靈魂糾纏不清。

關於黑卡蒂的信仰一般都比較隱密，且於家中舉行，比較少見於大眾或城邦的公眾場合祭祀，也讓黑卡蒂的獻祭儀式顯得相當神祕。

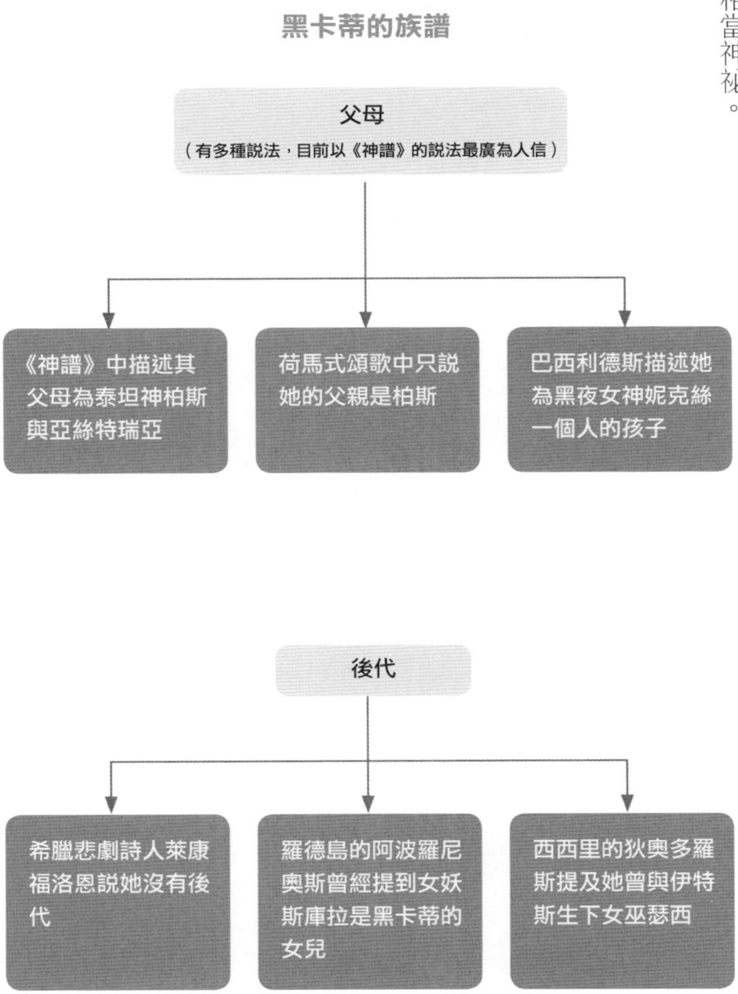
黑卡蒂的族譜
父母
（有多種說法，目前以《神譜》的說法最廣為人信）
《神譜》中描述其父母為泰坦神柏斯與亞絲特瑞亞
荷馬式頌歌中只說她的父親是柏斯
巴西利德斯描述她為黑夜女神妮克絲一個人的孩子
後代
希臘悲劇詩人萊康福洛恩說她沒有後代
羅德島的阿波羅尼奧斯曾經提到女妖斯庫拉是黑卡蒂的女兒
西西里的狄奧多羅斯提及她曾與伊特斯生下女巫瑟西

BOX

關於黑卡蒂的信仰：上圖的三個月亮連結為代表黑卡蒂的印記。黑卡蒂在希臘神話中的地位不如她在民間信仰中重要，當時希臘人民會在家中架設黑卡蒂的聖壇，這種信仰流傳至今，也是現代女巫的信仰中心。這些被稱為新異教的信徒，認為黑卡蒂就是月亮的化身，並能從中得到力量，也因此月亮信仰在歐洲的獵巫時代中被視為禁忌。

靈感的來源：繆思女神

繆思女神相當有名，即使對希臘神話不熟悉的人也聽過她們的名字。基本上，繆思幾乎已經與靈感畫上等號，究竟是什麼樣的女神們，會讓詩人在深夜中呼喊她們的名字以祈求作品順利呢？

她們是天父宙斯與記憶女神寧芙辛的女兒。宙斯深愛寧芙辛，還有她從盛宴的歡愉歌聲中誕生的九個金髮女兒。神話中描述她們個個美麗優雅，能歌善舞，早期的繆思女神代表的是藝術與文學的靈感，她們掌管音樂、詩歌與舞蹈，並沒有特別區分哪一位女神負責哪一個領域，數量也比後期的九名少，她們被稱為古代的三位繆思（少數傳言則說繆思女神有四名）。

由於古代的三位繆思是泰坦女神，在泰坦神失勢後，地位不再，便將繆思女神的稱號傳給追隨阿波羅的九位女神，後代的詩人也慢慢將女神的數量描述為九位。

她們是知識的傳遞者，據說大詩人赫西奧德原本是農夫，在耕田的時候，繆思女神下凡交給了他知識之書，從此之後他便知道了天地的起源、人類從何而來，於是將這些知識寫成了兩本巨作——《工作與度日》和《神譜》。

九位繆思的地位相同，她們共同追隨阿波羅，所以阿波羅被視為她們的領導者，這相當合情合理，因為阿波羅是真理之神，而繆思負責傳遞知識給眾人，阿波羅自己本身也懂樂器，奧林帕斯仙境中一向有阿波羅與女神音樂及歌聲圍繞。

三位古代繆思之名

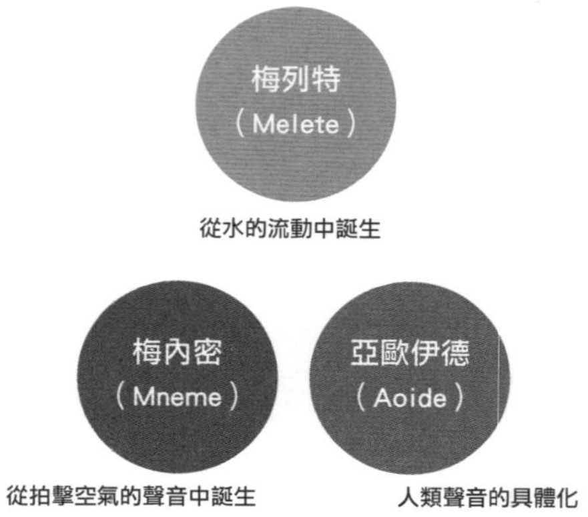

九位繆思之名

繆思女神的名稱	司掌
卡莉歐碧（Calliope）	史詩
克麗歐（Clio）	歷史
尤特琵（Euterpe）	長笛與抒情詩
泰麗亞（Thalia）	喜劇與田園詩
梅爾普曼妮（Melpomene）	悲劇
特普希克兒（Terpsichore）	舞蹈
伊拉特（Erato）	情詩
普拉赫米亞（Polyhymnia）	神聖的詩
烏拉妮亞（Urania）	天文學

關於繆思女神數量的說法

作者	數量	名稱	備註
赫西奧德	九位	卡莉歐碧、克麗歐、尤特琵、泰麗亞、梅爾普曼妮、伊拉特、普拉赫米亞、烏拉妮亞、特普希克兒	最常見的版本
柏拉圖	四位	特普希克兒、伊拉特、卡莉歐碧、烏拉妮亞	
普魯塔克	一位	普拉赫米亞	
帕沙尼亞斯	三位	梅列特、梅內密、亞歐伊德	據信他所提到的是古泰坦繆思女神

命運三女神：莫雷伊

莫雷伊即代表命運，希臘神話認為人與神在出生時，命運就已經決定，沒有任何人與神可以改變。宙斯雖是命運三女神的領導者，但連他也不能干涉命運。

命運是一股神奇的力量，但並非是不可透露的，或許因為具有不可改變性，因此也沒有天機不可洩漏的問題，反而比較常見的是有人試圖改變命運，結果繞了一大圈才發現，其實一切都照著既定的路線前進，試圖影響命運只是枉然。

在希臘神話中掌管命運的是三位被稱為莫雷伊的女神，一位負責紡線，負責將命運由她的捲軸轉到紡槌上，一位負責丈量命運，被視為決策者，最後一位用金色的剪刀剪斷紡出來的線，也就是命運的終結者。據說她們所拉的線就是人類的生命，由她們決定一個人可以活多久與何時死亡。

許多神話故事都描述了她們的冷酷，幾近無情地處理她們的工作，不帶任何個人感情。

阿波羅在《伊里亞德》中曾經三度試圖干涉命運，防止帕托克力斯站立於即將倒塌的城牆邊，但無論阿波羅如何引導他，帕托克力斯就是會不斷地返回城牆，命運以其獨特的神祕力量運作，神明的阻撓也是徒勞無功。

夠聰明的人就會知道不要阻擋命運的發展。

命運三女神之名與司掌

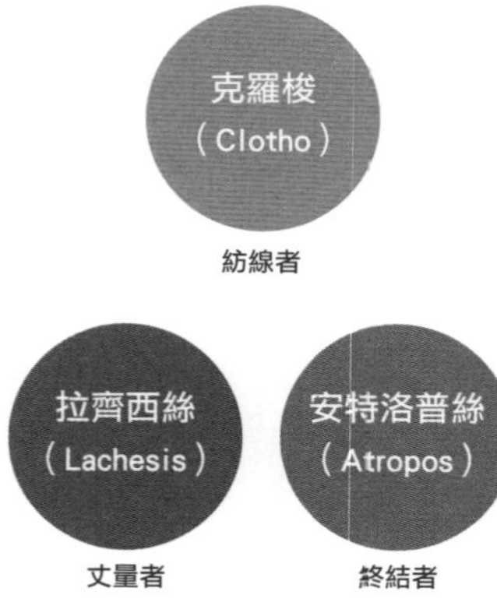

命運三女神的來源說法

作者	父親	母親	描述
赫西奧德	宙斯	泰米絲	在密蒂絲之後，宙斯愛上了泰米絲，與她一同生下了赫蕾伊（時間）、伊諾密亞（秩序）、迪克（正義）、艾琳娜（和平），還有掌管命運的莫雷伊，宙斯給予她們絕高的榮耀，她們被稱為克羅梭、拉齊西絲與安特洛普絲。
雅典的阿波羅多洛斯	宙斯	泰米絲	
埃斯庫羅斯	無	黑夜女神妮克絲	神祕的命運女神莫雷伊，是復仇女神艾利尼絲的姊妹，為黑夜女神妮克絲所生。
柏拉圖	無	亞南克（代表不可抵擋的力量的女神）	莫雷伊，亞南克之女，身披白袍，歌聲如同金嗓女妖一樣優美。克羅梭唱著過去發生的事情，拉齊西絲唱著現在發生的事情，安特洛普絲唱著未來註定發生的事情。
昆特斯．席那奧斯	凱奧	無	莫雷伊，命運女神，是混亂之神凱奧的孩子。

命運三女神決定世間所有人的命運，手中拉的絲線就是人的生命

勝利女神：妮姬

勝利女神是守誓河史蒂克絲的孩子，她原本只是一個象徵性的神祇，但後來的人給了她形體——背後有潔白翅膀的年輕女子。神話中描述她於戰場上展翅高飛，只要是她選擇的一方就會贏得勝利，也因此宙斯上戰場必定要求妮姬陪同。

妮姬

由於史蒂克絲是泰坦女神，勝利女神繼承了母親的血統，但是在諸神之戰中，史蒂克絲卻帶領自己的孩子投靠奧林帕斯陣營。據說史蒂克絲有四名字女，分別是妮姬、賽羅斯、克拉駝斯與帕畢亞，他們的加入為奧林帕斯眾神打了一劑強心針，妮姬甚至被指派為宙斯兩輪戰車的駕駛者。

雖然在文學作品中，妮姬出現的頻率不高，不過她頗受希臘人歡迎，由於她會帶來勝利，因此也被視為是好運女神，在其他藝術創作中，例如雕塑、花瓶、畫作上時常能見到她的身影，尤其是錢幣。希臘錢幣上時常有神明的雕塑圖案，其中妮姬是最常出現的。古代的體育選手們推崇她，認為她會替他們帶來冠軍頭銜。

許多早期的女神都具有翅膀，妮姬被形容為飛行速度最快、力量最強的女神，許多詩人認為她的力量甚至媲美女戰神雅典娜。早期的妮姬時常與宙斯一同出現，後來轉變為與雅典娜相連，希臘人認為妮姬是雅典娜得力的助手，因此雅典娜的神廟中也有妮姬的雕像。

妮姬最有名的一座雕像薩摩特拉斯勝利女神（Victoire de Samothrace），目前展示於羅浮宮中，被視為羅浮宮的鎮宮三寶之一，整座雕像卻沒有翅膀，原來是當時的人們害怕勝利女神有了翅膀就會飛走，因此特地雕塑出沒有翅膀的勝利女神，這座雕像也被稱為無翼的勝利。

妮姬的族譜

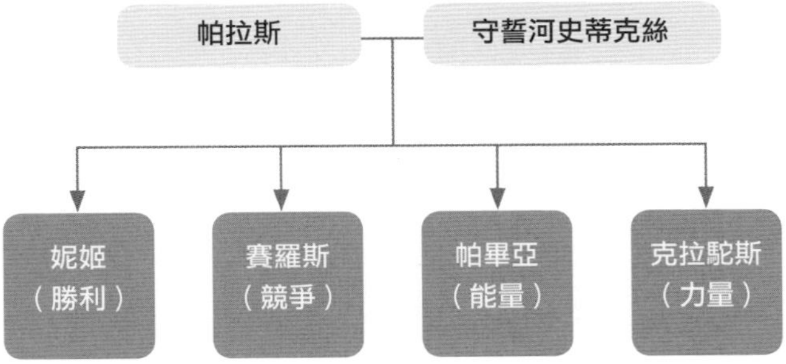

BOX

不只古人喜歡將妮姬視為好運的象徵，知名美國運動品牌耐吉（Nike）的創辦人，也選擇以勝利女神的名字作為自己的品牌名稱，目前耐吉已經是年營業額上百億美元的大企業。

小愛神：愛羅斯

愛羅斯是小愛神，在希臘神話中相當有名。阿芙蘿黛蒂掌管愛與慾，小愛神反而與凡人的愛情更為貼近。

希臘人認為一見鍾情是小愛神愛羅斯的傑作，被愛羅斯用愛之箭射中的人，都會無可救藥地陷入戀愛中，連眾神都無可倖免，據說當年冥王黑帝斯瘋狂愛上柏瑟芬也是愛羅斯的傑作。

愛羅斯

不過關於愛羅斯的形象在神話中卻有分歧，許多神話中描寫他是俊俏的年輕人。在他與賽姬的故事中，他年輕俊美，頗具魅力，但許多神話卻也同時將他描寫成頑皮的小男孩，這兩種形象共存很久，至今不分上下。

除了外型外，關於愛羅斯的出生也頗具爭論。在天地剛出現時，就出現了愛的元素，許多人相信那就是愛羅斯，他是世間最純粹的元素，赫西奧德在《神譜》中敘述他是第四個出現的神明，沒有父母，憑空冒出。

但後人的著作多半將他描述成阿芙蘿黛蒂的兒子，在《尋找金羊毛》中，希拉請阿芙蘿黛蒂詢問他的兒子愛羅斯可否幫忙一把，請愛羅斯用他的愛之箭讓米蒂亞愛上傑遜。阿芙蘿黛蒂答應了，她給了兒子一個精美的玩具，愛羅斯於是來到凡間，找到了米蒂亞，一箭射中她的心，結果米蒂亞陷入瘋狂的愛戀中，為了傑遜而不顧父親反對，偷走金羊毛、殺死親弟弟，再與他一同逃亡。

這也是凡人懼怕愛羅斯之箭的原因，即使這支箭沒有殺傷力，卻足以擾亂一池春水。

彩虹女神：艾莉斯

艾莉斯是彩虹女神，連結人間與天界，長長的彩虹由地面通往天空，因此她時常擔任傳遞訊息的角色。她與漢密斯都是出名的使神，希臘諸神不能以真面目出現在人類面前，否則人類會因為諸神的光輝而燃燒致死，酒神戴奧尼修斯的母親施美樂就是因為見到宙斯的真正模樣而斃命，所以諸神除了以化身方式顯靈外，最常與凡人溝通的管道就是透過使神。

比起漢密斯，艾莉斯沒有正式頭銜，宙斯讓漢密斯擔任他的御用使者，其他人不能任意命令他，艾莉斯則是供眾神差遣。雖然宙斯偶爾也會換使者，在《尋找金羊毛》中，北風的兒子們想要殺死哈琵女妖，宙斯眼見不妙，於是派遣艾莉斯到凡間去向阿爾戈號英雄解釋，請他們罷手。

她是少數擁有可以自由進出天庭、陰間與人間權利的神明，也負責灌溉乾涸的雲。由於她的身分是彩虹，所以身上總是帶著一袋水。

艾莉斯的配偶是西風齊飛兒，兩人婚後過得快樂又逍遙。

彩虹女神圖

艾莉斯家族

父親	海神泰馬斯
母親	雲仙子伊萊克查
姊妹	哈琵女妖
配偶	西風齊飛兒
後代	慾念之神佛托斯

青春女神：希碧

希碧掌管人的青春，因此被視為青春女神。據說海克力士在死去後，靈魂來到奧林帕斯仙境，希拉頗為同情他，在迫害了海克力士一生之後，她不知為何突然對海克力士感到愧疚，於是支持海克力士成為奧林帕斯神，並把自己的女兒希碧嫁給他。

在這之前希碧是個斟酒的侍女，負責替奧林帕斯仙境的諸神倒酒。神話中關於她的故事不多，最有名的就是艾歐拉斯向希碧祈求，希望可以返老孩童，變得年輕，希碧答應了他，艾歐拉斯瞬間變成年輕人。

她與海克力士有兩個兒子，繼承了父親的血統，兩人都相當英勇且被視為是無法擊敗的英雄。

希碧家族

父親	天父宙斯
母親	天后希拉
配偶	大力士海克力士
後代	兩個兒子： 阿利薩瑞斯 安奇托斯

希碧是天庭的斟酒侍女

美姿女神·葛麗絲

美姿女神如同其名，掌管美麗與優雅，是在奧林帕斯仙境中的美麗舞者，她們是繆思女神的同伴，繆思彈奏優美的音樂，她們則展現絕妙的舞蹈。不跳舞娛樂眾神的時候，她們多半是阿芙蘿黛蒂與希拉的女侍。赫西奧德在《神譜》中提到美姿女神一共有三位，其中一位嫁給了火神。

關於她們的出生眾說紛紜，只能確定宙斯是她們的父親，母親則有多種說法。雖說她們在天庭地位不高，但在民間可是花瓶或馬賽克藝術的熱門圖案，古希臘許多藝術家都以她們作為主角。

美姿女神的名稱與含意

阿葛萊雅（Aglaea）
光輝

尤芙諾席尼（Euphrosyne）
喜悅

泰麗亞（Thalia）
開心

在奧林帕斯仙境跳舞的美姿三女神（即左邊穿白紗的女子）

幸運女神‧泰琪

泰琪是幸運女神，赫西奧德說她的父母是古老的海神大洋氏與泰席絲，但是品達在其詩中敘述泰琪是宙斯的女兒。

不論其父母是誰，她掌管人的運氣，手持一顆轉動的球，球會跑到任何地方不得而知，因為這是運氣。雖然她被認為是幸運女神，為民間所崇拜，不過若是突然有大災難降臨，也會被認為是她的作為。

報應女神奈米西斯是她的同伴，兩人時常一起出現。泰琪與勝利女神一樣，在天庭的故事不多，但在民間卻非常受歡迎，原因不用解釋，大家都想要好運的。

幸運女神手持裝滿金幣的罈子灑向人間

牧神・潘

潘是牧神，屬於大自然中的神明，居住在人間。

他的外貌相當獨特，上半身為人形，下半身則是山羊的身體。他喜愛音樂，是個音樂家，雅典娜發明笛子後卻不喜歡這個樂器，因為吹奏的時候必須鼓起雙頰，這個動作有礙於她的美麗外表。而潘撿到笛子後，竟然意外地相當拿手，他挑戰阿波羅與他比賽，阿波羅拿著豎琴，他吹奏笛子，沒想到第一局竟然平手，不分上下，阿波羅對於與人間一個小神平手這件事相當不滿，他命令潘與他比賽第二次，這次要將樂器倒拿，豎琴反過來彈當然無所謂，但笛子反過來是吹不響的，結果潘輸了競賽，還被阿波羅剝了皮。這再次證明與神明競賽毫無意義，不論輸贏，都不會有好下場。

下半身為山羊的潘，喜好女色，時常嚇壞少女，惹出不少麻煩

BOX

潘與薩提爾（Satyr）：潘與薩提爾的外貌非常類似，都是半人半山羊，但是薩提爾的數量眾多，且身分並不是神明，而是森林間的一種自然生物。他們的個性也與潘很像，性喜自由，無拘無束，愛狂歡且好女色，所以時常讓人混淆。後人將他們視為酒神戴奧尼修斯與潘的綜合體。

風神

談到希臘神話中的風王，這名號該歸阿伊歐勒氏，他是所有風的統領者。關於他的身世眾說紛紜，希臘神話中曾有三個神明使用這個名字，結果就是大家把他們都混淆在一起了。

神話中描述他背後長有翅膀，是不朽的神明，住在一處風四處吹著移動的漂浮小島上，四周都是青銅製成的牆壁，非常堅固，凡人無法突破。風神就在那裡，與他的六個兒子、六個女兒同住。

風神

阿伊歐勒氏擁有一個裝有各種風的袋子，隨身攜帶，需要創造風時，就從袋中拿出來。

不過，他雖然是各種風的統領者，卻並非風神，許多人稱阿伊歐勒氏為風王，甚至是風的攝政王，卻不是風神本身。

根據奧維在《變形記》中描述，在東西南北四個方向各有一個風神，掌管著各地的風，他們似乎與四季有關，被稱為阿內莫伊，諸風擁有各自的風帶，彼此不互相牽制，若是疾風相激會天崩地裂、後果慘烈。東風歐羅斯在黎明女神之地深入阿拉伯王國與波斯領土，那是晨曦與山嶺相會的地方；西風齊飛兒吹向因為夕陽西照而泛紅的西方海域；凜冽的北風波瑞斯掃向斯

北風波瑞斯綁架少女，畫中描述北風最經典的形象——白鬍鬚與翅膀

庫替亞，就在北斗七星的下方；相對的一端，雨水瀰漫南土，那是南風諾托斯的傑作，在這四方之上是沒有重量、不受塵世污染的世界。

希拉要求風王阿伊歐勒氏掀起巨浪，淹沒海上船隻

各個風神的能力

稱號	名字	描述
風王	阿伊歐勒氏	掌管各種風，擁有一個神奇的風袋。
東風	歐羅斯	代表著秋天，他居住的地方與太陽神西里奧斯的宮殿很近，靠近東方，除了阿伊歐勒氏外，四個風神都是泰坦神亞斯特拉歐斯與艾歐絲的後代。
南風	諾托斯	代表著夏天，他是多雨與濕氣之神，居住在艾西歐比亞，希臘世界中最南之境。
西風	齊飛兒	代表著春天，他的孩子是水果之神哈波斯。神話中老將他描述為年輕、俊俏的男子，奇妙的是齊飛兒與波瑞斯常一同被提及，他們一起居住近於色雷斯的豪華宮殿中。
北風	波瑞斯	背後有紫色的翅膀，也是代表冬天的神，據說他呼出的水氣會立刻結冰，臉上的鬍子與眉毛也都是結冰的狀態，他的兒子就是雪神齊歐尼。

居住陰間的神明：死神、睡神與夢神

有幾位神明居住在陰間，但並不屬於黑帝斯統領，他們的存在比宙斯還久遠，且不受奧林帕斯諸神干預，而是按造宇宙自然運行的力量運作。像是死神贊納陀士、他的兄弟睡神西波諾斯，睡神的兒子夢神歐涅羅伊，與恐怖的渴血惡靈齊瑞絲。

希臘神話的正牌死神其實是贊納陀士，他是死亡的代表，雖然他的身分老是被誤認為黑帝斯，但其實他的存在更為古老，是黑夜女神妮克絲的孩子。早期希臘人將他描述為長滿鬍子的老者，面貌慈祥，並不與冷酷和痛苦相關，他是溫柔的死神，帶著微笑引領死者，僅掌管平靜死去的死亡，於人們臨死前來到身邊，用金色刀子割斷生命，並將亡魂帶來陰間給黑帝斯。

後來的希臘人大概不希望將死亡描寫成愉悅且溫和的，造成人們錯誤的聯想，於是將贊納陀士的形象改成較為黑暗的死亡使者。事實上，他並不能決定人的壽命長短，那是命運三女神的職責。命運三女神決定這人的壽命該結束了，於是派遣贊納陀士作使者來引領靈魂。他本身並不黑暗、邪惡，但他心如鐵石，性如青銅，只要被他抓住，他就絕不放手。

至於那些死於暴力與痛苦疾病的死者則由他的姊妹們齊瑞絲負責，據說她們數量眾多、相貌醜陋，是渴血的惡靈，背後還有黑色的大翅膀，飛翔在戰場中，粗暴地用刀割斷人們生命，將靈魂帶往陰間。赫西奧德認為她們有可能是潘朵拉當年打開的盒子中飛出來的惡靈之一，她們是黑死病的同伴，只要被她們盯上就註定是毀滅的開始。神話中描寫神明可以驅趕她們，但是不能阻止人的死亡，只能暫時延緩靈魂被帶往陰間的時間。

贊納陀士的雙胞胎兄弟就是睡神西波諾斯，他掌管人們的睡眠，居住在永無止盡的黑暗黃泉中。那裡完全沒有太陽光芒，非常幽靜，從早到晚都處於黑暗中，沒有雞啼宣告黎明，也沒有狗吠聲，連微風輕拂過樹葉的沙沙聲都不存在，僅有河水滑過碎石發出的呢喃引人入睡。睡神家門口種滿罌粟和數不清的藥草，每一種都是安眠良藥，房子裡所有房間都沒有門，以免門軸的聲響吵醒夢中人。

他的外表跟死神相反，年輕又俊俏，身上隨時攜帶鴉片與罌粟，每天晚上隨著母親夜神妮克絲的列車來到人間。夢神歐涅羅伊是他的兒子，每晚從陰曹地府來到人間，他的外表像蝙蝠，渾身漆黑、帶有翅膀，居住洞穴中，洞穴有兩個出口，一個由角做成，若是夢神走角門，人們就會出現一些具有意義的夢境，可能是神請歐涅羅伊來傳達某些旨意；另一個門是象牙作的，當歐涅羅伊走過象牙門來到人間時，人們就會作一些無意義、虛無飄渺的虛幻夢境。

BOX

贊納陀士的死神形象：西方世界中最典型的死神形象即來自於贊納陀士，身披黑斗篷，手拿鐮刀，冷酷無情，這正是希臘人對於贊納陀士的描述。不過他不是可怕的死神，只是無情而已，畢竟生死已由命運女神決定好，他只能作收割的動作。

睡神與他的兄弟死神，兩人一同在夢鄉中沉沉睡去

死神與睡神的族譜

關係	名稱	備註
母親	黑夜女神妮克絲	
父親	無	
兄弟	睡神與死神	
後代	夢神	夢神為睡神的兒子

黑夜女神：妮克絲

妮克絲是最古老的原生神之一，這個名字本身就代表黑暗之神的意思。她是渾沌的後代，在遠古中誕生的黑夜。赫西奧德在《神譜》中提到，在無盡混沌中出現了黑暗與黑夜（妮克絲），妮克絲與黑暗因愛結合，生下了白日漢彌拉。世間萬物都是由此展開的。

妮克絲

據說她居住在死者世界的邊緣，籠罩在黑暗迷濛的帷幕中，當她離開陰間來到人類的世界時，她的女兒漢彌拉就留在陰間，直到天亮再與漢彌拉交換位置。

在希臘神話中關於妮克絲的描述多半是斷簡殘篇，雖然如此，還是可以從中發現，即使她是原生神，也鮮少與奧林帕斯眾神互動。不過比起其他沒有實體的原生神與象徵神明，妮克絲是具有人形外表的，不像大地之母蓋亞，僅以大地的形象現身，並未化成人形。

希臘人將黑暗女神描述為外貌姣好的美麗女子，背後有一雙潔白翅膀，駕駛雙輪馬車從黑夜中劃過天際，群星就相伴於左右。

很顯然在諸神之戰後，妮克絲的地位不受影響。她仍然威大強大且獨霸一方，連宙斯都深怕她的怒火，不敢招惹她。

荷馬在他的著作中提及，天后希拉曾使喚過妮克絲之子睡神西波諾斯，要他偷偷潛入奧林帕斯讓宙斯入睡，好讓她有時間陷害宙斯的私生子大力士海克力士。當宙斯清醒過來，發現希拉與西波諾斯的所為，眾神之王大怒，意圖懲罰西波諾斯，將他丟入大海，永遠不能進入奧林帕斯，但西波諾斯知道宙斯懼怕自己的母親妮克絲，於是逃回黑夜中尋求妮克絲的幫助，宙斯果然罷手。

除了黑夜女神的身分外，妮克絲同時是神諭的給予者，至今在希臘的梅格拉還有伺奉妮克絲的神殿。

妮克絲的後代（與黑暗所生）

名稱	代表／司掌
愛琵芙拉（Epiphron）	輕蔑
漢彌拉（Hemera ）	白日
西波諾斯（Hypnos）	睡眠
莫拉斯（Moros）	毀滅
奈米西斯（Nemesis）	報應
贊納陀士（Thanatos）	死亡

黑夜女神妮克絲

第三篇

萬世的英雄

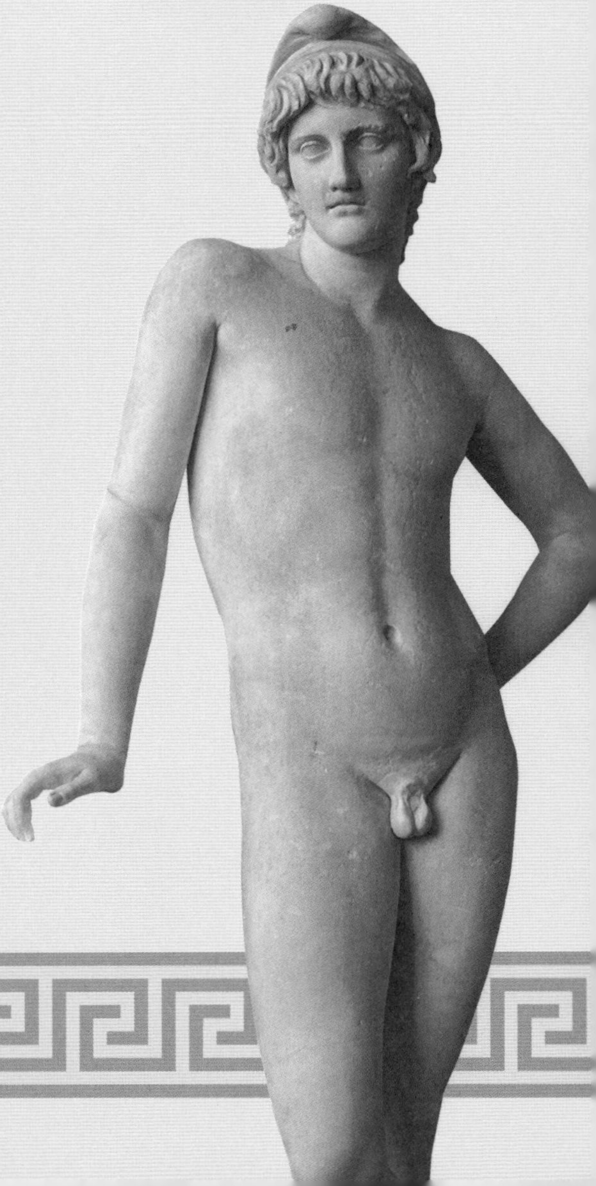

希臘第一勇士：阿基里斯

阿基里斯被稱為希臘第一勇士，他英勇擅戰，不畏死亡，是特洛伊戰爭中的大英雄。他的母親為水精靈泰緹絲，因其外貌姣好、氣質優雅，宙斯與海神波賽頓都曾經深深為其著迷而展開追求。

但是泰坦神普羅米修斯警告他們，泰緹絲註定誕下一個威力強大的英雄，將會繼承其父親的力量，成為更強大的神明。

泰緹絲將阿基里斯浸入守誓河中

這樣的預言嚇壞了宙斯與波賽頓，深怕泰緹絲的後代若繼承神力將推翻自己，於是將她許配給米爾米頓的國王帕琉斯。

帕琉斯其實與宙斯也有血緣關係，但身分是凡人，泰緹絲不肯就範，施展幻術不斷變形，想逃離這段婚姻，但宙斯已經開金口訂下這樁婚事，這件事註定會發生。波賽頓指點帕琉斯趁泰緹絲熟睡時將她綁架回宮，泰緹絲最後只好答應這樁婚事。

婚後，泰緹絲果然應驗普羅米修斯的預言誕下一子，帕琉斯將他命名為阿基里斯。

據說泰緹絲將還是嬰孩的阿基里斯浸泡於守誓河中，想讓他不受凡間兵器所傷害。阿基里斯被河水浸泡過的地方從此刀槍不入，但是泰緹絲漏掉了一處，那就是她將阿基里斯泡入河水中時，用手抓著的兩隻腳踝沒有碰到河水，這一點就成了阿基里斯的弱點。

荷馬造就了阿基里斯耀眼英雄的地位，《伊里亞德》中他是最英勇的勇士，無人可以擊敗他。

而他在赴戰場前就已經知道自己的命運。他的母親泰緹絲曾經讓他選擇，要平安地留在故鄉安享天年，還是赴特洛伊獲得永恆榮耀卻戰死沙場，他勇敢地選擇了後者。

起初特洛伊人根本傷不了他，連特洛伊的第一勇士赫克特也不是他的對手，他一上陣，所有的敵人都聞風喪膽，曾經讓他分心差點敗下陣來的只有亞馬遜女王潘席麗亞。他一看見對手就深深為其著迷，早已把戰爭與榮耀拋諸腦後，但是他隨即想起自己的責任與義務，於是狠下心來，殺死自己所欽慕的亞馬遜女王。潘席麗亞死去後，他抱著還溫暖的屍體哀痛不已，如此漂亮的美人成了一具屍體！他的同伴泰爾西特斯嘲笑他，竟然對一個外邦女子動了心。阿基里斯一怒之下便殺了他。

而除了亞馬遜女王之外，其他特洛伊人根本無法接近阿基里斯。不過，阿基里斯有一個弱點，造成他死亡的原因正是他母親當年粗心所遺漏的腳踝，或許也可以說是他的命運、註定會發生的悲劇。特洛伊小王子帕里斯在神明的引導下，用箭射穿了他的腳踝，傷口雖小卻仍奪走了他的生命，就這樣，大英雄阿基里斯，希臘第一勇士，為了爭奪榮耀而戰死沙場。

BOX

阿基里斯腱是人體中最大的肌腱，就位於後腳踝，這個地方過度運動時很容易受傷。事實上，阿基里斯腱這個特殊的名稱正是以大英雄阿基里斯來命名的，由於阿基里斯的後腳踝是他致命的弱點，因此以他的名字來代表這個部位最恰當不過。

阿基里斯的族譜

阿基里斯系出名門，兩邊的祖先都是天神

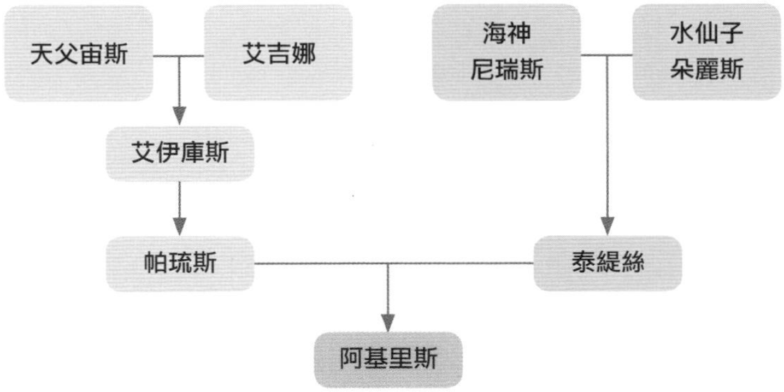

擁有神力的英雄：海克力士

海克力士可以說是希臘神話中最偉大的英雄，希臘人對他相當尊崇，認為他具有無比勇氣，人格也相當崇高，他為了贖罪完成了十二項艱鉅任務，奠定了他在希臘人心目中英勇的英雄地位。

即使他死後，靈魂仍然不滅，據說他名列仙班，成了奧林帕斯眾神的一員。

妻子在海克力士衣上塗毒

海克力士的出生相當曲折，宙斯愛上了他的母親，一如往常使用詭計接近她。海克力士名義上的父親安菲屈昂當時正在戰場上，宙斯眼見機不可失，化身為安菲屈昂的模樣，與海克力士的母親共度一夜，她就懷孕了。

當天晚上，安菲屈昂從戰場上回來，同樣與妻子共宿，就這樣，在同一晚，她懷上兩個胎兒，由於兩個嬰兒受孕時間相同，因此被假設為雙胞胎，其實在凡人的外表下，海克力士繼承了父親宙斯的神力。

宙斯自以為神不知鬼不覺，希拉卻發現了丈夫出軌的事實，海克力士的存在成了她屈辱的證明，若是讓海克力士出生，希拉將永遠必須面對宙斯的私生子。希拉當然無法吞下這樣的污辱，於是展開一系列的詭計與陰謀。她先假裝不知道海克力士為宙斯之子的事實，騙宙斯立誓，讓當天先出生的嬰兒擁有繼承皇位的權利。宙斯理所當然認為海克力士會是先出生的嬰孩，因此答應了希拉。

其實，海克力士原本也的確會是先出生的嬰兒，直到希拉出手干預。

很快地，分娩的日子來臨，希

海克力士的功績

拉召喚生育女神伊莉西亞，並命令她讓海克力士胎死腹中，伊莉西亞雙腿盤坐，在衣服上面打了一個死結，胎兒因此難產。

在海克力士的雙胞胎兄弟先出生後，產婆一直無法讓另外一個孩子也順利生下來，一個老侍女明白這有可能是神明在搞鬼，於是她故意宣告兩個孩子都順利出生的消息。伊莉西亞一驚之下張開了雙腿，海克力士終於順利出生。

氣憤的希拉無法抑制自己的妒火，再度派遣兩條毒蛇前往殺害還是嬰兒的海克力士，沒想到海克力士天生具有神力，他拿起毒蛇當玩具一樣捏死。接著，希拉大概是在尋找更好的計謀，因此讓海克力士度過了一段平安無事的日子。

直到海克力士娶妻生子後，希拉讓他發瘋，親手殺死自己的兩個孩子。當他清醒後，對於自己的舉動痛苦不已，但是殺死孩子的事情無法改變，海克力士在悲痛之下，前往阿波羅在戴爾菲的神殿尋求答案，詢問上天該如何贖罪，卻不知道希拉早已操縱了神諭。

神諭告訴海克力士，他必須成為艾瑞西爾斯國王的隨從十年，且不管國王派遣他任何艱難的任務，他都必須完成。就這樣，大力士海克力士淪為奴隸。

希拉一心想弄死他，沒想到艾瑞西爾斯給予他的十二項任務，反而讓海克力士變成大英雄。他完成任務，洗清手上沾染的血跡與罪孽，展開新的人生，但最後卻死得冤枉。

一頭人馬愛上了他的妻子，想要奪走她，海克力士殺了人馬維護妻子的榮譽，人馬在死前將自己的血交給海克力士的妻子，並欺騙她，這血可以讓海克力士忠貞不二。後來，妻子以為海克力士變心，於是將之前人馬給予她的毒血塗在大力士的衣服上，本意是讓他成為忠貞的丈夫，沒想到毒血有別的作用，大力士穿上衣服後全身的肌肉開始腐爛、流血不止，最後痛苦不已的大力士，只得自焚結束了他傳奇的一生。

人馬劫持海克力士之妻

海克力士的十二項任務

編號		
1	殺死涅米恩之獅	涅米恩之獅據說刀槍不入，相當兇殘，殺死不少人。海克力士起初無法用刀劍刺穿獅皮，最後用蠻力舉起獅子，令其窒息而亡。他用獅爪割下獅皮，帶回給國王當作證據。
2	殺死九頭龍	九頭龍相當難纏且致命，每顆頭都能噴火，海克力士每砍掉牠一個頭，就會長出兩個，最後大力士的姪子獻計，用火焚燒過砍掉的傷口，讓傷口焦黑無法長出龍頭才將其殺死。
3	活捉席瑞尼安鹿	國王看見殺死怪獸難不倒海克力士，於是派遣他活捉獵神阿緹密絲的座騎——席瑞尼安鹿。但牠跑得非常迅速，海克力士花了整整一年的功夫才抓到牠。國王本想將鹿當作自己的私人珍藏，但海克力士害怕女神發怒，在將鹿交給國王時假裝鬆手，席瑞尼安鹿就趁這瞬間逃逸無蹤了。
4	活捉艾曼西安的野豬	野豬既兇猛，跑起來又相當快速，海克力士費了九牛二虎之力將牠追趕到雪地中，才用網子將野豬困住，帶回給國王。
5	一天清理好艾吉安國王的牛棚	國王有意刁難海克力士，認為先前的任務都太簡單，才讓海克力士順利完成，於是他設下期限，希望海克力士於一天內清理完艾吉安國王關牛的牛棚。艾吉安非常富有，擁有無數頭牛，所有人都認為這是不可能的任務，但海克力士還是一天之內就完成了。
6	趕走施堤法立恩鳥	施堤法立恩鳥是一群可怕的怪鳥，是戰神阿利斯的同伴。牠們有青銅般銳利的嘴與爪子，羽毛跟箭矢一樣鋒利，傷害了不少無辜的人和家畜，國王讓海克力士將牠們趕走，原本他做不到，但在女神雅典娜的協助下，他順利完成了這項任務。
7	捕捉克里特公牛	克里特公牛原本是麥諾斯國王獻給海神的祭品，但是這頭牛太過美麗，麥諾斯違背了他的誓言，偷偷將另外一頭牛偽裝成克里特公牛獻給海神。但海神自然不好欺騙，他揭穿了麥諾斯的謊言，並讓其妻愛上公牛，生下了怪物，之後克里特公牛在歐陸狂奔造成不少危害，海克力士將牠獻給國王後，又放掉了牠。最後這頭牛被英雄鐵修斯獻給了阿波羅。
8	擒獲迪奧米達斯之馬	這些馬為比斯托尼斯國王迪奧米達斯所養，相當奇特，力大無窮、凶殘無比，以人肉為食，甚至鼻中可以呼出火焰，因此被關在青銅打造的堅固馬廄中。這當然難不倒海克力士，他用蠻力抓住四匹馬，帶回去獻給國王，當迪奧米達斯追來時，他將迪奧米達斯撕成碎片給馬當飼料。後來國王將這四匹馬獻給希拉。
9	帶回亞馬遜女王西波麗塔的腰帶	亞馬遜女王西波麗塔有一條神奇的腰帶，是戰神阿利斯賜給她的，國王的女兒想要這條腰帶，於是國王派遣海克力士帶領志願者搭船前往亞馬遜人的國度。起初西波麗塔表示願意協助海克力士，但是在希拉的煽動下，亞馬遜人以為大力士要傷害女王，於是試圖殺死他們，結果海克力士殺死亞馬遜人與女王，奪下了腰帶，帶回給國王的女兒。
10	抓取葛瑞昂之牛	有人說葛瑞昂是怪物，也有人說他是巨人，總之他體型巨大，還有三個頭，相當的不好惹。海克力士遠渡重洋才抓到這些葛瑞昂之牛，中間的經過相當波折，女神希拉再度看準時機出手，讓牛變得瘋狂，增加了任務的難度。但這些都難不倒海克力士，他成功帶回牛，這時已經在國王的手下工作八年又一個月了。
11	帶回海絲特拉蒂的金蘋果	這個任務尤其困難，原因是海克力士並不知道海絲特拉蒂的金蘋果究竟在何處？這些金蘋果是希拉婚禮上的賀禮，由仙女們與巨龍看守。海克力士為了找到金蘋果的位置，跑遍世界各地。他看到普羅米修斯被宙斯綁在巨石上，任由禿鷲啄食他的身軀，於是殺死禿鷲，普羅米修斯感謝他的幫忙，建議他請負責支撐天空的亞特拉斯去取金蘋果。海克力士於是幫助亞特拉斯暫時扛住天空，沒想到亞特拉斯差點反悔，不想重新將天空扛回。大力士耍了個詭計，欺騙亞特拉斯暫時代扛天空，讓他調整姿勢，才終將金蘋果帶回，否則永遠扛著沉重的天空可不是件好差事呀。
12	帶回陰間的三頭犬	國王原本以為這項任務會難倒海克力士，畢竟三頭犬在陰間，結果海克力士得到神明的幫忙，成功闖入陰間向冥王借三頭犬，表示這是國王派遣給他的任務，冥王同意了。於是大力士就把可怕的三頭犬扛到宮殿去給國王，眾人都嚇壞了。海克力士遵守諾言，毫髮無傷地還回三頭犬，就這樣完成了十二項艱難的任務。

命運捉弄的王子：帕修斯

帕修斯砍下梅杜莎的頭

帕修斯是最早一代的英雄，像所有英雄一樣，他遭遇的命運多舛己極。在他還沒出生前，祖父阿哥斯國王阿克理修斯一直感慨自己沒有兒子來繼承王位，僅有的女兒不能滿足他的願望，於是他前往戴爾菲神廟詢問神明，結果神明告訴他，他註定沒有兒子，而且他的外孫還會害死他。

這樣的神諭嚇壞了阿克理修斯，他把女兒單獨關在高聳的塔中，僅有一個出口對著天空，滿心認為這樣就可以避免他的死亡。沒想到宙斯有一天發現一名美麗的女子被單獨關在塔中，於是化作金雨來到塔裡，並且讓她懷了孕。

當國王知曉後，憤怒地將女兒與外孫裝在箱子裡丟到大海中，母子倆就在大海上載浮載沉，直到某位漁夫將他們從海中撈起。

好心的漁夫將帕修斯視如己出，努力將他拉拔成人，沒想到，母親的美貌再度惹了禍。漁夫的兄弟波利德克特士是島上的國王，他愛上了帕修斯的母親，並覺得帕修斯是燙手山芋，想要除掉他。

於是他慫恿血氣方剛的帕修斯去殺死可怕的蛇髮女妖梅杜莎，自傲的帕修斯當然一口答應，等他查覺自己犯下大錯時已經太晚了。他不敢回去見自己的母親，只得孤身上路，想辦法殺死梅杜莎，幸好帕修斯身上流著宙斯的血，雅典娜與漢密斯都前來幫助他，雅典娜給了他一面神盾，告訴他不要直視梅杜莎的雙眼，否則會被變成石頭。

藉由盾牌的幫助，他成功砍下梅杜莎的頭，梅杜莎的姊妹從睡夢中驚醒，發現梅杜莎被外人殺死了，氣急敗壞地要將帕修斯撕裂，但帕修斯穿上冥王的隱形斗篷，蹬著漢密斯的飛行涼鞋，瞬間就飛離了洞穴。

帕修斯解救安卓美達

據說他飛過利比亞上空，梅杜莎的斷頭不斷流出毒血，這些毒血落在地面，最後都變成了毒蛇，導致利比亞至今仍毒蛇為患。

但他突然看到一幅奇特景象，一名漂亮的女子裸身被綁在石頭上哭泣。女子體態優美，他差點以為是大理石雕像，可是帕修斯看見微風吹拂女子的頭髮，知道她是真人，忍不住停下來詢問哭泣的女子，究竟發生何事？

原來她是安卓美達，衣索比亞的公主，因為她的母親卡西歐比亞自誇她比女神更美麗，每當凡人自認媲美天神時，總會得到天神的懲罰，在這次的事件中，受害的是她的女兒安卓美達。波賽頓讓王國災難不斷，告訴國王除非獻出女兒給大水怪賽陀斯，否則就要毀掉整個城市，國王別無選擇，含著淚水將女兒送上死路。

安卓美達正在泣訴自己的遭遇，大水怪出現了，張開大嘴準備吞食自己的祭品。帕修斯走出相助，經過一番搏鬥，成功殺死水怪，拯救了安卓美達。國王感謝他拯救自己的女兒，於是將安卓美達嫁給他，他的後代都非常有名，包含大力士海克力士，據說現在的波斯人也都是他的後代。

BOX

帕修斯與祖父的糾葛：嚴格說來，帕修斯其實是無辜的。這件謀殺案應該要被當作意外看待。在他結束殺死梅杜莎的旅程後，與母親、妻子過了一段快樂的日子。但在他參加擲鐵餅比賽時，因為天生神力，一不小心鐵餅就飛得非常高，結果落下來的時候砸到了一個老人，這個老人就是帕修斯未曾謀面的祖父。這故事再次證明想要改變命運是不可能的。

帕修斯得到的寶物

寶物	說明	給予者
自動封口的袋子	這個袋子，只要將東西丟入就會自動封口，帕修斯把梅杜莎的頭顱放進去後，袋子果然自動合上。	雅典娜
隱身斗篷	穿上後誰也看不見他。事實上這是黑帝斯的寶物，雅典娜可能向黑帝斯借走了。	雅典娜
盾牌	神盾堅固不已，一般刀劍都無法刺穿，且面如明鏡，帕修斯才得以藉倒影砍下梅杜莎的頭。	雅典娜
會飛的涼鞋	這是漢密斯的正字標記，他借給帕修斯，幫上大忙，若沒有涼鞋，帕修斯有可能就被梅杜莎的姊妹殺死了。	漢密斯

帕修斯的歷險過程

帕修斯立下誓言要殺死蛇髮女妖後，卻不知蛇髮女妖身在何處，於是雅典娜建議他先去找灰娘。

↓

灰娘是三個醜陋的怪物，三個人總共只有一隻眼睛一顆牙齒，平常都共用眼睛。結果帕修斯偷走她們的眼睛，逼灰娘說出答案。

↓

灰娘指出梅杜莎的位置，這時雅典娜跟漢密斯給了他不少寶物，讓他順利殺死梅杜莎為民除害。

↓

他趁梅杜莎在睡夢中殺死了女妖，並砍下她的頭顱，儘管梅杜莎的姊妹追了出來，但他有會飛的涼鞋，輕易逃走。

↓

他回來的途中遇到扛天的亞特拉斯，亞特拉斯知道他是宙斯的孩子，氣得要與他比武，結果帕修斯拿出梅杜莎的頭，亞特拉斯頓時變成一座高山。

↓

接下來遇到被綑綁在石頭上的少女，他拯救了少女殺死海怪，國王因此將少女安卓美達嫁給他。

↓

回到家後，帕修斯發現國王沒有遵守諾言等他回來，反而想強娶他的母親，於是來到神殿向國王展示梅杜莎的頭顱，壞國王因此變成石頭。

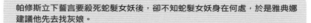

觸犯天條的勇士：貝雷洛豐

貝雷洛豐是偉大的英雄，殺死難纏的吐火怪物凱梅拉，被希臘人譽為在帕修斯與卡德莫斯後最偉大的英雄（當時海克力士還沒有出生）。

許多人傳說他是海神波賽頓的兒子，因此才有如此不凡的作為，不論智慧與體力都媲美神明，但沒有人可以證實。

他名義上的父親是厄菲爾城的葛勞克斯，所以一般還是將葛勞克斯視為他的父親。貝雷洛豐來自於受詛咒的家族，卻出淤泥而不染，他擁有無比的勇氣，卻不小心殺死自己的親兄弟，沒有神話曾經描寫細節，只提到他悔恨不已，並前往阿哥斯，請國王給予他任務，讓他得以洗清罪孽，國王跟他沒有仇恨，正在斟酌該如何化解貝雷洛豐的心結時，血液裡的詛咒似乎開始發揮作用，國王的妻子見他英俊帥氣，愛上了他。

但是大英雄眼裡只有贖罪，看不見美人，於是惱羞成怒的皇后，告訴國王貝雷洛豐欺侮她，意圖強暴她，應該把貝雷洛豐處死。

但貝雷洛豐喝過國王家的水、吃過他家的東西，而宙斯最討厭破壞賓主關係的人，因此國王無法親自下毒手殺死貝雷洛豐。

於是他派遣貝雷洛豐帶著密函前往投靠利西亞的國王，利西亞的國王是他岳父，國王在密函中提到貝雷洛豐欺侮他妻子，讓利西亞的國王為自己女兒報仇。但是國王見到女婿派來一位貌似英雄的青年，想必他們交情深厚，於是款待了他整整九天，才打開密函。

這下可不得了了，密函叫他殺

BOX

皮葛瑟斯是希臘神話中的飛馬，神話中描述牠身軀雪白，背後有翅膀，且具有靈性，牠是帕修斯殺死梅杜莎時，從梅杜莎的血中誕生的神話生物。在離開貝雷洛豐後，飛馬自行飛到宙斯的馬廄，並獲得宙斯的寵愛，宙斯賜與牠擁有攜帶宙斯雷霆的光榮，並在牠死後將飛馬的身體放在天空中當作星座，讓皮葛瑟斯永垂不朽。

死這個客人，他無法動手，他的難題跟女婿一樣，貝雷洛豐在他家作客，他無法冷血殺死自己的客人。不過他比較聰明，他想了想決定派遣貝雷洛豐去殺死可怕的吐火怪物——凱梅拉，這樣若是貝雷洛豐被殺死，就不是他的責任了。

飛馬皮葛瑟斯

貝雷洛豐對於這樣的任務躍躍欲試，但他不知該如何殺死凱梅拉，睡夢中，女神雅典娜向他托夢，只要前往柯林斯的泉水邊，帶著金色的馬籠頭套住飛馬皮葛瑟斯，飛馬就可以幫助他完成任務。

貝雷洛豐睜開雙眼，果然發現身邊出現了金色的馬籠頭，他即刻帶著寶物前往柯林斯馴服飛馬。原本以為這是艱難的任務，沒想到飛馬安安靜靜地讓他戴上金籠頭，就這樣，他準備好前往殺死可怕的怪物凱梅拉了。

他飛到凱梅拉的上方，看到怪物長得很嚇人又不斷吐著溫度極高的火焰，但這嚇不倒他，貝雷洛豐冷靜的計畫該如何殺死凱梅拉，最後在採取高速下墜的同時，將劍刺入凱梅拉的喉嚨，怪物欲噴火抵抗，反而讓自己窒息。

他成功返回王國後，國王又出了不少難題為難他，但是貝雷洛豐都輕易解決，國王於是收他作自己的乾兒子，共享榮華富貴。

可惜的是，貝雷洛豐在經過這些歷練後，被自己的成就所迷惑，他想騎上飛馬到奧林帕斯成為天神。神明討厭自傲的人，想用雷霆把他打下來，但飛馬自己具有神性，牠將貝雷洛豐甩下，獨自飛走，沒有飛馬的貝雷洛豐，神明也不再眷顧他，最後落得孤獨老死的下場。

貝雷洛豐在雅典娜的幫助下馴服飛馬

貝雷洛豐族譜

關係	說明
母親	荷馬沒提過他的母親，赫西奧德說是尤麗美黛。
父親	赫西奧德暗指他的父親為波賽頓，但荷馬寫的是葛勞克斯，他是西西佛斯之子，這兩位國王的下場都相當悽慘。 據說西西佛斯洩漏了宙斯的祕密，被懲罰在地獄裡推一塊石頭上山，每當他將石頭推往山頂時，石頭就會落下，西西佛斯只得再重新將石頭推上山。葛勞克斯的懲罰則比較像是自作自受，他為了讓自己飼養的馬匹更強壯，餵食馬匹人肉，這種行為觸犯了神明，他們讓葛勞克斯從馬車上摔下來，習慣吃人肉的馬就把葛勞克斯活活吃掉了。

智勇兼具的英雄：鐵修斯

鐵修斯是傳說中雅典的國王。

他的父親名為愛琴士，與他的母親結束短暫的婚姻後，獨自回到故鄉。回去前他在附近大石下埋了一雙涼鞋與一把劍，並告訴鐵修斯的母親，若是她生下一個兒子，且力量強大到足以舉起這塊石頭拿到信物，再叫這個孩子前來認祖歸宗。

鐵修斯出生後，成為個性正直且相當有勇氣的青年。他的母親認為時候到了，於是告訴他關於父親所留下的信物。鐵修斯輕而易舉地舉起大石，挖出埋藏在底下的涼鞋與劍，就此展開了尋父之旅。

他可以選擇安全的海路或是可能會遇到許多怪獸與艱難的危險陸路，鐵修斯選擇了後者，也遇到許多麻煩，但他都輕鬆地一一解決。還沒來到雅典就成了大英雄，他為民除害的故事早在他來之前就傳入愛琴士的耳中。

當時愛琴士已經愛上女巫米蒂亞，她在毒害傑遜的新娘後，成功逃到愛琴士的國度。愛琴士驚豔於她的美貌，臣服於她，將她帶回皇宮共享榮華富貴。

她掐指一算，知道愛琴士的兒子即將來臨，自己的地位會受到威脅，於是她告訴愛琴士，近日將有不凡的訪客，這個人會殺死愛琴士，愛琴士深信不疑，他早就聽過一個英雄一路除害，深得民心，以為鐵修斯會奪走他的王國，於是他先派人向鐵修斯傳信，如果他能殺死馬拉松作亂的牛才會受到接見。

這對鐵修斯來說並不難，他迅速殺死公牛後就回宮與父親相認，愛琴士向米蒂亞尋求解決之道，米蒂亞拿出一種汁液，那是一種劇毒，傳說是她從地獄三頭犬的唾液中提煉出來的。她心懷詭計的獻上毒藥，告訴愛琴士，只要喝上一口，來者就會死亡。

鐵修斯傻傻地來到父親面前，接過父親提供的酒杯正要將毒酒一飲而盡，沒想到愛琴士發現了鐵修斯腰間劍上的圖案，立刻把毒酒打翻。米蒂亞見狀，念起咒語，吹起

鐵修斯在路途間遇到的六個困難

名字	惡行	下場
艾匹達洛斯	會使用混棒活活打死人。	鐵修斯除掉了他。
辛尼斯	會抓住無辜的人將他們綁在兩棵樹上，再將樹放開，這樣人就會活活被撕裂。	鐵修斯有奇怪的幽默感，他用同樣的手法殺死了辛尼斯。
克羅米尼安的野豬	傳說為艾齊娜與泰豐的孩子，是可怕的怪獸，殺死不少人。	鐵修斯為民除害，殺死了野豬。
斯齊龍	會強迫旅人至懸崖邊，將他們一腳踢下懸崖，讓巨蛇（也有傳說是巨龜）吃掉他們。	秉持以其人之道還治其人之身的鐵修斯把他也踢下懸崖了。
席伊龍	是個喜歡摔角的惡霸，強迫旅人與他摔角，當旅人輸給他時就會被他殺死。	鐵修斯當然不會放過這樣的惡人，他與席伊龍挑戰，在贏了他後就把他給殺了。
波克庫特斯	是旅人的惡夢，他會捉捕無辜的旅人放在鐵床上，若是鐵床比較短，他就會把人鋸短，但若人比較短，他就會把人拉長致死。	鐵修斯把波克庫特斯放在鐵床上並把他殺死，可惜神話故事中並沒有提到他是被拉長還是截短。

一陣陰風，就消失在風中。父子倆終於團聚。

愛琴士舉行了盛大的祭典，歡迎鐵修斯的歸來，但鐵修斯總覺得父親開心的面孔後藏著憂愁。原來，幾年前克里特國王麥諾斯的兒子來到此地，卻發生意外丟了性命，麥諾斯大怒之下入侵雅典，並宣布雅典每年必須進貢七名少男少女來克里特島當作祭品，他們的下

鐵修斯在母親的指點下舉起巨石，
拿到父親留給他的信物

場很悽慘，會被送入迷宮中被牛頭人身獸米諾陶斯殺死。

鐵修斯聽聞此事自告奮勇前往雅典，愛琴士跟鐵修斯約定好，若是他此行成功，前往克里特島殺死了牛頭人身獸，就在回來的船上掛上白旗，如果發生了不幸的意外，他與其他少男少女的命運相同，被牛頭人身獸殺死的話，就在回歸的船上掛上黑旗，讓他知道自己最愛的兒子已經身亡，鐵修斯答應了。

米諾陶斯

一切打點完畢後，鐵修斯就與少男少女們一同前往克里特島，他們被放入複雜、無人能破解的迷宮之中，迷宮的中央就是恐怖的牛頭人身獸，鐵修斯沒有武器，也不認得迷宮的路，生機看似渺茫。

但麥諾斯的女兒阿德艾德妮深深為鐵修斯的英姿著迷，不忍鐵修斯就這樣慘死迷宮中，於是她偷偷交給鐵修斯一捲線圈，叫他拿著線圈走入迷宮，等殺死牛頭人身獸後，再循著線回來找她。

阿德艾德妮的計畫成功了，鐵修斯靠著線圈，慢慢往迷宮中心前進，當他見到牛頭人身獸時，牠正熟睡著，於是他空手殺死了怪獸，循著線圈回到入口，帶著阿德艾德妮搭船逃離雅典。

但凱旋歸來的鐵修斯忘記了他

BOX

牛頭人身獸的由來：據說麥諾斯是很有野心的國王，他為了證明他身為王者的身分，請波賽頓賜與他美麗的牛作為證據。當牛從海中走出來到麥諾斯身旁時，人人都認為麥諾斯有如神助，是天生的領導者，因此心生敬畏。波賽頓遵守了他的諾言，麥諾斯卻違背了他自己的。波賽頓讓麥諾斯於展示公牛後，將公牛獻祭還給他，但是麥諾斯失言，另外挑選了一頭漂亮的小牛獻給波賽頓。然而一如以往，欺騙天神的人不會有好下場。麥諾斯偷偷將牛藏在宮殿裡，波賽頓就讓麥諾斯的妻子瘋狂愛上公牛。其妻知道這是不正常的愛戀，但她無法克制這股奇怪的想法，於是與公牛生下了一子。這個孩子有著人與牛的特徵，牛的頭顱配上人的身體，麥諾斯知道這是神明懲罰他當年不守信用的下場。他不敢殺死畸形的牛頭人身獸，只將牠取名為米諾陶斯，並關在迷宮的深處，每年送入七名少男少女供牠食用。

答應父親的事情，船隻竟掛著黑帆回到了雅典。愛琴士日盼夜盼守在懸崖上，只希望能看到兒子平安歸來，結果卻看到壞消息，心痛不已，由懸崖上墜下，後來的人為了紀念他，就將他當年墜落的海洋稱為愛琴海。

阿德艾德妮

半人馬想劫走新娘

鐵修斯的家庭

身分	名稱	描述
父親	愛琴士	雅典的國王，因誤會鐵修斯被牛頭人身獸殺死，跳崖身亡。
母親	愛絲拉	皮西爾斯國王的女兒，也有傳說她是一名海精靈。
情人	阿德艾德妮	麥諾斯國王的女兒，愛上了鐵修斯，幫他破解迷宮，卻遭鐵修斯遺棄。
妻子（第一任）	西波麗塔	鐵修斯曾與亞馬遜女王西波麗塔發展出短暫的戀情，之後他想娶她為妻，還掀起戰爭，最終未能如願，但西波麗塔仍為他產下一子，被命名為希波利塔斯。
妻子（第二任）	菲朵拉	菲朵拉是鐵修斯的第二任妻子（或是第一任，雖然他認為西波麗塔是他的妻子，但名不正言不順），這妻子為他惹上大麻煩，菲朵拉愛上了希波利塔斯，但希波利塔斯害怕後母的愛，多次拒絕，結果菲朵拉惱羞成怒，自殺身亡，死前告訴鐵修斯，他的兒子玷汙她，結果鐵修斯將兒子逐出家門。
兒子	希波利塔斯	被誣賴的希波利塔斯氣憤地離家出走，沒想到馬受到驚嚇，將他摔了下來。他臨終前，心中不忘父親對他的誤會，心裡難過極了，這時神明現身，告訴鐵修斯他的兒子是無辜的，但為時已晚，鐵修斯只能抱著兒子的屍體哭泣。

鐵修斯其他的冒險事蹟

事件	發生的經過
戰勝半人馬	好友皮理厄斯邀請他去參加婚禮，半人馬喝醉酒便在婚禮上搗亂，甚至要把新娘劫走，他們因為身體一半是野獸，所以相當強壯，這時幸好鐵修斯在現場，他把半人馬趕走，才不至於讓半人馬鑄下大錯。
劫海倫	海倫在還年輕的時候，豔名就已經傳遍希臘，結果鐵修斯與朋友皮理厄斯兩個就去綁架了當時還年幼的海倫，說要等她長大後再與她結婚。幸好海倫不久後就被兄弟救回，當時鐵修斯已經與皮理厄斯跑到陰間，才不至於造成流血衝突。
闖陰間	闖陰間這點子當然非常危險，但鐵修斯號稱自己擁有無比的勇氣，於是就與皮理厄斯跑到陰間想要綁走冥后柏瑟芬。 沒想到冥王黑帝斯非常聰明，他不與他們起衝突，客客氣氣地招待他們，請他們坐在椅子上休息，沒想到那是張遺忘椅，一坐上去兩個人什麼都忘了，就這樣傻傻地呆坐在那邊。直到好多年後，海克力士到陰間去要地獄犬，看到老朋友坐在椅子上，順便把他拉了起來，他才得以回到陽間，否則大英雄大概就永遠呆坐在陰間了。 後來海克力士想要拉起皮理厄斯，大地都被拉得震動了，還是拉不起來，最後只能作罷。據說是黑帝斯知道皮理厄斯是想帶走冥后的主嫌，才這樣懲罰他的。

屠龍英雄：卡德莫斯

關於卡德莫斯的故事要由一位美麗的少女被綁架說起。一天，宙斯見到某位美麗少女在草原上玩耍，於是他化身公牛故意接近少女，果然少女沒有發覺，騎上了公牛，結果公牛跑走了，少女從此下落不明。

屠龍英雄卡德莫斯

女孩的名字叫做歐蘿芭，卡德莫斯就是她的兄弟，也是腓尼基的王子。歐蘿芭的父親對於女兒被綁架下落不明感到非常慌張，他命令兒子們必須出外尋找，直到找回他小妹歐蘿芭，這當然不是一件容易的任務。

他們不知道是誰綁走了歐蘿芭，尤其不知道對方是天神宙斯。一點線索也沒有，大家都沒有頭緒，據說卡德莫斯走遍天涯海角都找不到妹妹的蹤跡。他有家歸不得，四處流浪闖蕩，突然靈機一動，前往阿波羅在戴爾菲的神殿尋求神諭，請求阿波羅指示他該如何是好，結果神明竟然告訴他，不要再尋找自己的妹妹了，他應該要跟著一頭不知名的母牛，找到一片新天地，建立一個新的城邦。

半信半疑的卡德莫斯剛下山，果然就遇到一頭孤伶伶的可憐小母牛，於是他跟著小母牛的足跡，竟然意外找到了一大片陸地與平原。這就是阿波羅指示卡德莫斯建立新城邦的地方，但是這邊沒有活水可以祭祀神明。

卡德莫斯命令同伴前往尋找活水，但是同伴卻一去不回。卡達莫斯親自出發，才發現他們遇上了可怕的毒龍。這條龍住在附近的洞穴中，身體裡裝滿毒液，牙齒不僅尖銳又鋒利，且毒龍的皮又硬又厚，卡德莫斯先前派去的同伴雖然奮力抵抗，但還是都被殺死了。

卡德莫斯眼見如此，以地上的大石重擊毒龍，據說力道之大足以摧毀整座堡壘，但是毒龍卻無動於衷。卡德莫斯再用標槍的尖刺刺向毒龍，終於穿透毒龍的皮膚，龍不斷噴著毒液，可怕極了，但卡德莫斯天生神力，順利的殺死了龍。可是現在只剩下他孤身一人，不太可能獨自建立新的城邦。

卡德莫斯既失落又孤單，獨自呆坐在龍的屍體前面，不知如何是好。此時女神雅典娜現身了，她告訴卡德莫斯，可以取下龍的牙齒，種在泥土中，就會得到他需要的幫手，卡德莫斯照做後，龍齒生了許多全身盔甲的戰士，這些騎士個個兇猛，見到卡德莫斯就拿出武器攻擊他，卡德莫斯只得不斷閃躲，最後他用計讓這些戰士自相殘殺，只剩下最後五位。

五位中的一位與他協議言和，並說服另外四位與卡德莫斯結盟，他們同意協助他建立新城邦，於是卡德莫斯有了有利的幫手，就在六個人的努力下，創造了之後的偉大城市——底比斯。

卡德莫斯家譜

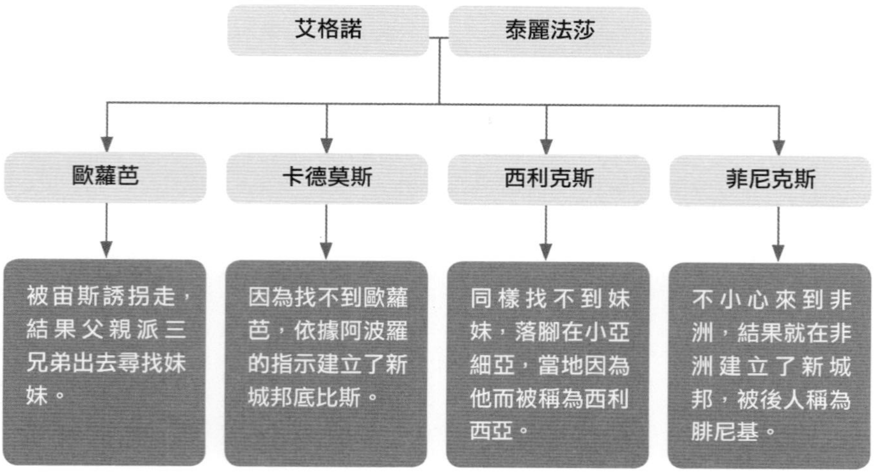
艾格諾
泰麗法莎
歐蘿芭
卡德莫斯
西利克斯
菲尼克斯
被宙斯誘拐走，結果父親派三兄弟出去尋找妹妹。
因為找不到歐蘿芭，依據阿波羅的指示建立了新城邦底比斯。
同樣找不到妹妹，落腳在小亞細亞，當地因為他而被稱為西利西亞。
不小心來到非洲，結果就在非洲建立了新城邦，被後人稱為腓尼基。

宙斯化身為牛誘拐走歐羅芭

BOX

卡德莫斯的晚年：卡德莫斯殺死毒龍後得罪了戰神阿利斯，於是卡德莫斯成了他的奴隸，必須替他幹活。之後阿利斯很欣賞卡德莫斯，將他與愛與美女神生下的孩子和諧女神哈莫妮亞嫁給了卡德莫斯。凡人很少可以娶到父母都是十二大神的後代，這可是歷史上的第一遭。可惜的是，不知為何他們家族的後代命運都不太好，不是死於非命就是走向瘋狂，卡德莫斯與哈莫妮亞看到子孫不斷受苦很難受，最後天神將他們變成兩條大蛇，表示對他們的憐憫而不是懲罰。

第四篇

怪物與神獸

精靈．．寧芙

什麼是寧芙?

寧芙是希臘神話中的仙子，又稱為精靈，通常都是年輕貌美的女子，這點從字義中可以看出端倪，寧芙在當時希臘所代表含意即為待嫁年齡的女子。她們不是神明，也不是人類，更像是大自然間萬物的擬人化型態，也因此，寧芙們並不具備不朽的身分。她們雖然可以活上很長的時間，且鮮少表現出衰老外貌，但是她們的確會因為受傷或歲月流逝而死亡。且由於她們可與人類或神明通婚，因此時常出現在希臘神話故事中。

寧芙頭像

寧芙種類廣泛、數量眾多，因此很難將寧芙有系統的分類，僅能大致以她們所居住的地點來分類，大部分的寧芙都不能離開自己所屬的區域，例如屬於木寧芙的「赫美德律亞德」，她們終身只能在樹木周圍棲息，若是離開樹木，或是樹木死亡，寧芙也會隨之死亡，但也是有部分寧芙可以遠離自己所屬棲地，與人類或是眾神一起生活。

水寧芙

水寧芙的數量佔希臘神話中的寧芙比例相當高。而在水精靈中，除了河流與泉水寧芙會受限於地區外，海洋與淡水寧芙基本上都可以自由活動於人間，因此時常有她們與眾神或人類通婚的故事，特洛伊戰爭中的大英雄阿基里斯，他的母親就是海洋寧芙之一。

水寧芙可依據所屬類型的不同，大略區分成四種：

第一種「歐妮雅德」：歐妮雅德是眾多水寧芙的通稱，總共有

以地域來分的話，寧芙大致可以區分為四大種類

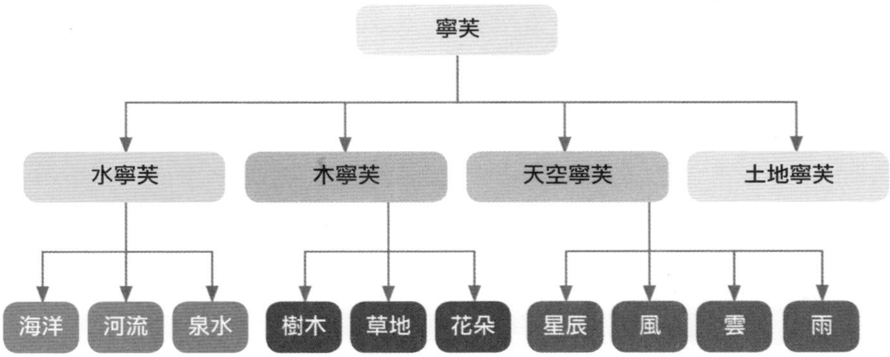

三千位，她們其中有噴泉、河流、海洋、湖泊、池塘，甚至還有部分代表著特定的花朵與雲朵，不過因為數量不多，因此還是被歸類為水寧芙。其中最有名的一位應該就是卡莉普索，身為泰坦巨神亞特拉斯的女兒，卡莉普索遺傳了父親的硬脾氣，因為愛上了《奧德賽》中的英雄奧德修斯，所以將奧德修斯軟禁在身邊七年，直到奧德修斯向眾神求救，天父宙斯命令卡莉普索放人，奧德修斯才得以返家，與妻子潘妮洛普重聚。

第二種「奈雅德」：奈雅德是水寧芙的一種，特指流動的水，與歐妮雅德不同，奈雅德只能在所屬的水域活動，且若該河流或是泉水乾枯，奈雅德就得面臨死亡的命運，除此之外，她們並不會變老或是生病受傷。

奈雅德在神話故事中相當活躍，時常見到她們的身影出現其中。

其中最常聽見的故事，應該就是阿波羅與達芙妮的傳說。據說氣質優雅的達芙妮，深深吸引著真理之神阿波羅，也有傳說是，阿波羅

五種奈雅德分類

因為嘲笑小愛神愛羅斯的箭術差勁，小愛神因此報復，惡作劇將愛神之箭射向阿波羅。

總之，阿波羅對她一見鍾情，因此展開追逐。達芙妮對於阿波羅的追求感到害怕，不斷地想要逃走，但是她怎能逃得過神明的追趕呢？於是達芙妮向女獵神阿緹密絲祈禱，希望可以拯救她。阿緹密絲因此將達芙妮變成月桂樹，阿波羅為此感到相當惋惜，只能擁抱月桂樹，從此月桂樹就成了阿波羅的聖木（至此以後達芙妮被分類為木寧芙）。

海麗雅

第三種「海麗雅」：海麗雅是海洋的守護精靈，通常為年輕貌美的女子，下半身跟人魚一樣是魚尾，因此也有將她們歸類於類人魚生物的說法。海麗雅不能離開海洋，離開鹹水就會死亡，時常騎著海豚、海怪凱緹亞遨遊於大海上嬉戲，但也由於其不能離開海洋的特性，所以關於她們的傳說並不多。

第四種「妮雅德」：妮雅德也是專屬於海的寧芙，跟海麗雅不同，她們是海洋幻化而生，不僅可以離開水面，且能居住在人間數十年，只不過她們通常僅在愛琴海出沒。據說，妮雅德共有五十位，她們都是海神波賽頓的同伴，常伴海神於海上，幫助航海人遠離暴風雨和船難。

水寧芙分類表

名稱	名稱含意	類型	族譜派系
歐妮雅德	水之女	鹹水與淡水	海神大洋氏與泰席絲的後代
奈雅德	流動者	淡水	河神波塔莫伊的後代（也有傳說她們為宙斯的後代）
海麗雅	屬於海洋的	鹹水	海神的後代（具體名稱不詳）
妮雅德	尼瑞斯（海神）之女	鹹水	海神尼瑞斯與水精靈朵麗斯的後代

木寧芙

木寧芙，或稱為樹精，通常被稱為德律雅德，原本她們專指一種橡木，但由於其數目眾多，廣為人知，之後也被視為是樹精的總稱。神話故事中關於樹精的故事並不多，據說她們相當害羞，不喜歡與人或是神明接觸，除了女獵神阿緹密絲外，其實大部份時間連神明也不會見到她們的蹤影。

木寧芙

傳說只提到她們多半是外貌年輕優雅的少女，獨自徘徊於森林或樹木邊。奇妙的是，雖然是樹精，德律雅德卻可以在離樹木一段距離外的地方生活，並不會因為遠離森林或樹木而死亡，因此她們也曾經與人類通婚，擁有後代。後代雖然沒有其他特殊能力，但是樹精本身可以活上很長一段時間。

「赫美德律亞德」是希臘神話中一種特別的樹精，通常赫美德律亞德也被歸類為德律雅德的一種，但與德律雅德不同，她們的活動範圍限制於單顆樹木，且無法離開樹木森林生存，當樹死亡的時候，寄居其間的精靈也會同時死亡，因此希臘的神明會懲罰惡意毀壞樹木的人，因為在摧毀樹木的同時，就會有樹精隨之死亡。除此之外，她們的壽命也比一般的木寧芙短很多。

在希臘神話中，許多因意外被神明變為樹木的女子，都被歸類為赫美德律雅德，像是被變為月桂的達芙妮與變身楊柳的德瑞歐碧。

「梅莉雅」這類木寧芙則特指梣樹，她們無父無母，由泰坦神克羅諾斯滴落的血所生。

在許多故事中都指出梅莉雅不只一位，其中最出名的就是美莉雅。美莉雅在希臘神話中的地位相當微小，她甚至不算是神明，但是希臘神話中卻常提及她的名號，原因就是她與河神伊納奇歐斯所生的女兒——愛歐。許多詩人與作家都寫過關於愛歐的故事，這個女孩相當出名，遭遇也相當悲慘，天父宙斯覬覦她的美貌而愛上她，但就像其他被天神愛上的女子一樣，愛歐得面對天后希拉的報復。希拉的嫉妒心將她追趕到世界盡頭而不罷休，幸好最後愛歐平安到達埃及，並產下一子，這就是希臘有名的大英雄海克力士的祖先，他們家族的故事在史詩《伊里亞德》、《奧德賽》中都曾出現，其悠久聞名的家族血脈被稱為阿哥斯家族。

赫美德律雅德的不同名稱

名稱	代表樹木
卡瑞亞（Karya）	胡桃樹或椹樹
貝拉諾斯（Balanos）	橡樹
克拉妮雅（Kraneia）	梾木
摩瑞雅（Morea）	桑樹
艾依格洛斯（Aigeiros）	白楊樹
皮麗雅（Ptelea）	榆樹
安波勒斯（Ampelos）	藤蔓
席克（Syke）	無花果
達芙妮（Daphnaie）	月桂
迷希（Minthe）	薄荷
德瑞歐碧（Dryope）	楊柳

木精靈分類表

名稱	含意	類型	族譜派系
赫美德律雅德	與樹同生	木縛靈	父親：大洋氏 母親：赫美德亞斯
梅莉雅	蜂蜜與甘露	梣樹	克羅諾斯的血液創造出的生命
海勒洛伊	木頭	泛指所有樹木	不詳
安托莎伊	花朵	花朵	不詳

天空中的寧芙

微風寧芙奧拉：由於名字與黎明女神奧羅拉過於類似，許多傳說中因此混淆，將她列為黎明女神，其實是錯誤的引用。在希臘作家崑特斯．西那奧斯於特洛伊淪亡中的段落可以清楚所見奧拉的身分：

「微風替阿利斯帶來不幸的消息，戰神之女潘席麗亞已戰死於特洛伊戰場，奧拉，波瑞斯之女，展著長翅飛來，如同在天空中漫步。」

海斯特拉蒂：希臘神話中守護金蘋果樹的精靈，海斯特拉蒂共有三位，艾潔麗、阿瑞西莎與海斯波利亞，她們是奧林帕斯眾神公認的保護精靈，不僅守護金蘋果樹，同時也替眾神保管其他珍奇物品。大力士海克力士曾被要求至金蘋果園搶走金蘋果，大力士成功殺死巨蛇，將金蘋果帶回獻給國王，但是女神雅典娜最終還是將金蘋果取回還給海斯特拉蒂。

除了金蘋果的守護者外，她們同時也是落日的精靈，據說就是她們身上閃耀的金色光芒，才創造出如黃金般閃耀的金蘋果，奧林帕斯眾神將金蘋果視為珍寶，曾將金蘋果獻給天父宙斯與天后希拉作婚禮上的賀禮。

海德絲：海德絲常常被視為海斯特拉蒂的姊妹，但是在不同的傳說中，她們的父母不斷改變，因此無法斷定她們是否只是名義上的姊妹，還是擁有真正的血緣關係。海德絲原本是天上的星辰，但是她們的兄弟海拉斯被獅子殺害後，她們終日不能停止哭泣，因此之後成了雨水的精靈，哥哥海拉斯也因此轉化成我們目前所知的水瓶座。

海德絲的數目仍有爭議，早期詩人說共有三位，但是後人多半將她們的數目列成十五位，因此她們真正的數量仍不確定。

皮列艾德絲：皮列艾德絲共有七位，因此又被稱為七仙女，皮列艾德絲常被視為與海德絲、海斯特拉蒂同源。

其實她們就是天空中的昴宿星團，她們對於在地中海航海的水手們相當重要，沒有了她們在夜空中閃耀，水手就無法順利找到回家的方向。

天空中的精靈種類表

名稱	含意	類型	族譜派系
奧拉	微風	風	一般據信她的父親為北風波瑞斯，但是也有部分故事中描寫她的父親為海神大洋氏。
海斯特拉蒂	屬於夜晚的	日落	父親：黑暗之神厄瑞波斯 母親：夜之女神妮克絲
海德絲	多雨的	雨水	父親：亞特拉斯 母親：原野精靈布列歐妮
皮列艾德絲	豐足土地	星辰	父親：亞特拉斯 母親：原野精靈布列歐妮
妮費拉（Nephelai）	雲朵	雲朵與雨水	父親：海神大洋氏，母親：不詳

三位海斯特拉蒂的名稱與含意

在神話中，七仙女原本是山之精靈，但是獵戶座歐萊恩愛上了她們，不斷追求。宙斯同情七姊妹，將她們變成鴿子，卻還是逃不過獵戶座的追趕，最後宙斯只好將她們都變成天上的星宿，據說獵戶座現在還是在夜空中不斷追趕著變成星星的七仙女呢。

土地寧芙

名稱	類型
艾麗德	山谷
歐朗妮雅德	山谷、山溝
萊瑪琪德斯	草地
娜帕妮	幽谷
奧瑞亞德	山丘、山谷、溝壑

七位皮列艾德絲

名稱	含意	配偶	子女	解說
美亞	慈愛的母親		使神漢密斯（父親為宙斯）	美亞一向被視為慈母，雖然其子漢密斯長大後沒有走上正路，成了技術高超的小偷，但還是因為照料宙斯其他的孩子而得到此一稱號。
伊萊克查	閃耀著琥珀光芒	柯洛席斯	達坦諾斯	伊萊克查嫁給了柯洛席斯，卻還是被宙斯玷汙，生下一子，達坦諾斯長大後，成了特洛伊的建立者。
塔格特	屬於塔格特山脈的		拉席達蒙	據說宙斯眼見塔格特年輕貌美，因此展開追求，塔格特祈求女神將她變成一頭鹿，還是無法瞞過宙斯，仍舊遭其玷汙，最後生下一子拉席達蒙，拉席達蒙後來創立了斯巴達。
艾西昂	有力的助手		海利奧斯、海波利諾 、伊西奧沙	艾西昂與海神波賽頓並未結婚，但她為海神誕下數子。
卡蘭諾	黑暗的		萊卡斯、尤利皮勒斯	
史緹歐碧	閃爍的面孔	歐諾瑪奧斯		
梅洛碧	閃閃發光的面孔	西西佛斯	葛拉寇斯、歐尼提昂、席諾	曾有傳說梅洛碧嫁給西西佛斯後成為凡人，當西西佛斯被貶入地獄時，梅洛碧也黯然失色，所以她是七仙女星座中最黯淡的一顆。

萬獸之母：艾齊娜

艾齊娜是希臘神話中的可怕怪獸，半蛇半人，臉孔為美麗的少女，身體則為巨大的蛇。

赫西奧德在《神譜》中描述大洋氏與泰席絲之女卡麗羅兒在一個山洞中生下一個不可制伏的怪物——兇殘的女妖艾齊娜，她不像會死的人類，也不像不死的神靈。一半是女神，目光炯炯，臉蛋漂亮，一半是大蟒蛇，龐大可怕、皮膚上斑斑點點，在神聖大地下的隱僻之處，以生肉為食。遠離所有神靈與凡人之地，可怕的艾齊娜，長生不老的可怕女神，就駐守在地底下。

萬獸之母艾齊娜

艾齊娜的後代

怪物名稱	簡介	征服者
雙頭犬	巨人葛瑞昂是雙頭犬主人，他派遣雙頭犬看守紅牛，但海克力士欲將紅牛帶回獻給國王，於是將雙頭犬殺死了。	海克力士
三頭犬賽柏洛斯	據說吠聲刺耳、巨大兇殘，以生肉為食，被黑帝斯派遣至陰間看守大門，專以罪大惡極的人為食。	
九頭龍海德拉	海德拉是恐怖的龍，總共有九個頭，據說每砍掉一個頭就會長出兩個頭，是相當難纏的怪獸。	海克力士
凱梅拉	凱梅拉外表獨特，據說也有三個頭，上半身是獅子，下半身是龍，身體像山羊，呼出的卻是火焰，可怕極了。	貝雷洛豐
高加索之鷹	巨大的老鷹，有尖銳的爪子與喙，當普羅米修斯被鍊在高加索山上時，老鷹每天都會來啄食普羅米修斯的肉體。	海克力士
克羅米尼安的野豬	野豬沒有名字，只被稱為克羅米尼安，因為出沒於克羅米尼安附近。由於個性相當兇狠，殺害了不少人，是地方的公害。	鐵修斯
拉東	拉東有時被視為巨蛇，有時被視為巨龍，是負責看守金蘋果的巨獸。	海克力士
斯芬克斯	是可怕的怪獸，會以謎語詢問過路的旅人，當人答不出來的時候，就將他們殺死吃掉。	伊底帕斯
涅米恩之獅	據說希拉養大了這頭獅子來看守涅米恩森林，卻忽略怪獸本身是無法控制的，獅子後來殺死不少人，是當地人聞之喪膽的怪獸。	海克力士

她與大地之母所生下的可怕怪獸泰豐結合，又生下無數令人恐懼的怪獸，因此又被稱為萬獸之母。

當泰豐挑戰宙斯失敗後，被宙斯殺死埋在艾特納山下，但艾齊娜與她的孩子卻被允許留存在這個世界上，作為對英雄的考驗。

艾齊娜的後代都是可怕的怪獸，但最後都被英雄們征服了，唯有艾齊娜本身，據說這不死的女妖怪藏身在西里西亞的山區地底下，無人與神可以摧毀。

海克力士與九頭龍

三頭犬：賽柏洛斯

賽柏洛斯是守護地獄之門的惡犬，牠是泰豐與艾齊娜之子。泰豐與艾齊娜生下了許多怪獸，每個都兇猛無比，但是最後皆被英雄殺死，只有賽柏洛斯是唯一的例外。

雖然外型類似於獵犬，但是牠的頭上長滿毒蛇，爪子為獅爪，《神譜》中描述牠有五十個頭，這可能是加上了三個狗頭上的毒蛇頭的緣故。

地獄三頭犬賽柏洛斯

賽柏洛斯相當有名，關於地獄的描述一定少不了牠，據說賽柏洛斯會將從陰間逃跑的亡魂直接一口吞下，也有傳說罪大惡極之人在來到陰間大門前，就會先被賽柏洛斯撕裂，牠的牙齒尖銳，爪子鋒利，亡魂經過牠的身邊就會戰慄發抖。

神話中沒有人曾擊敗過賽柏洛斯，大力士海克力士來到陰間，奉命活捉賽柏洛斯，他決定以智取，於是跑到冥王黑帝斯的面前，告訴黑帝斯他身染弒子的罪孽與鮮血，唯一贖罪的方式就是完成十二項艱難任務，其中一項就是將地獄犬賽柏洛斯帶回艾瑞西爾斯國王面前。

鐵血無情的冥王很少同意凡人的請求，但或許他也懼怕海克力士的力量，竟然答應海克力士可以將賽柏洛斯帶回陽間，唯一條件就是必須要把牠毫髮無傷地送回來。海克力士做到了，他沒有愚蠢到得罪神明，所以賽柏洛斯被扛在海克力士肩膀上來到陽間，又被放回陰間，一點事也沒有。

另外一個勇闖陰間的故事則是音樂家奧菲爾斯為了帶回死去的妻子而來到陰間。但賽柏洛斯兇猛又可怕，堅決不讓活人進入陰間之門，奧菲爾斯無計可施，突然靈光一閃，他開始演奏樂器，優美的琴音讓三頭犬入迷，不禁忘記了自己的職責，慢慢在音樂中沉沉睡去，眼見賽柏洛斯睡著了，奧菲爾斯終於得以進入陰間拜會冥王與冥后。

女巫西碧兒也採取類似的策略，她將伊尼亞斯帶往陰間時，必須要通過三頭犬，但是賽柏洛斯是不可擊敗的，於是她拿出攜帶的一種魔藥，將魔藥混入香甜的蜜餅中餵給賽柏洛斯，賽柏洛斯不疑有他，大口吃下，結果魔藥發揮作用，賽柏洛斯沉沉睡去，西碧兒才順利帶著伊尼亞斯進去陰間拜會先知泰瑞席爾斯。

賽姬也曾經為了見冥后，呈上蜜餅給賽柏洛斯，結果賽柏洛斯讓她進了陰間大門。也因此古希臘人在葬禮時，除了在口中放入銀幣，讓死者可以安然渡河，也會在棺木中放蜜餅，據說就是給賽柏洛斯的禮物。

三頭犬賽柏洛斯

九頭龍・海德拉

海德拉，通常又被稱為列尼姆海達拉，是希臘神話中的可怕生物，據說擁有九個頭，呼出的氣體為劇毒，還能噴火，牠幾乎是殺不死的，因為九個頭中僅有一個頭是海德拉的弱點，其他的頭砍掉一個就會長出兩個，而且同樣致命，因此遇上海德拉的人往往只有死路

海德拉

一條。希臘人常以牠作為花瓶的圖案，因此牠的形象清晰可見，雖然有時候頭的數目會有所不同（也有僅有五個頭或是七個頭的傳說）。

海德拉是艾齊娜與泰豐之子，是當年泰豐被宙斯殺死前生下的可怕怪物，在人間危害多年。

天后希拉懷恨宙斯的私生子海克力士，透過國王艾瑞西爾斯命海克力士去列尼姆湖殺死海德拉，海克力士深知這項任務九死一生，非常艱難，但還是鼓起勇氣前往。他在湖邊找到了九頭龍的棲息地，但海德拉呼出的毒氣圍繞在湖邊，海克力士根本無法呼吸，他撕下衣服，將衣服蓋在口鼻上，即使如此，他還是感覺頭暈腦脹。

大力士躲在湖邊的障礙物後，用炙熱的火箭射向海德拉，結果完全傷不了怪獸，海克力士於是決定正面迎戰。他拔出劍，走到海德拉的面前揮去，英勇地用劍砍下海德拉的頭顱，沒想到海德拉馬上長出另外一個頭，海克力士不斷舞劍，結果海德拉只是不斷長出更多頭，眼見大力士就要輸掉這場戰爭，九頭龍吐出的火焰是如此炙熱，呼出的毒氣更讓大力士變得虛弱。

幸而海克力士的姪子伊歐羅斯想出好法子，他在旁邊觀看，眼見海克力士似乎沒有勝利的希望，因此大膽獻計。他告訴海克力士將石頭燒得火熱，並在他砍下海德拉頭顱的時候，用滾燙的石頭灼燒牠的

傷口，讓傷口燒焦，無法生長出更多的頭顱，這招果然見效。

每當海克力士砍下海德拉的頭顱時，伊歐羅斯就用熱石頭燒灼傷口，這時在天上觀看的希拉感到心急，她派出螃蟹前往干擾海克力士，但海克力士輕輕鬆鬆用腳踩碎螃蟹，並擊敗了海德拉。

九頭龍死後流出大量的毒液，於是海克力士將背後的箭拿出來，沾上九頭龍的毒液，收藏起來，就這樣完成了他屠龍的使命。

至於那隻被希拉派來阻止海克力士的可憐螃蟹，牠努力的咬了大力士的腳踝，卻根本無法阻止海克力士，希拉為了紀念螃蟹的努力與犧牲，將螃蟹放在天空作為星宿，這就是巨蟹座的由來。

海克力士與九頭龍海德拉

各國神話中多頭龍的比較

地區	名稱	描述
日本神話	九頭龍神	在古代，九頭龍原本是妖怪，並要求活人作祭品。村民不得已下，對空射出白羽箭，並以箭落下的屋子中人作為獻祭對象。後來九頭龍轉換成神明，要求的祭祀品也由原本的人肉變成煮熟的飯與豆子。
中國神話	相柳	相柳是山海經中的妖怪，山海經中提到：共工之臣曰相柳氏，九首。牠一共有九個頭，身體像蛇一樣又細又長，比較獨特的是，牠的頭部是人頭，與其他傳說中的九頭蛇相貌有些許不同。
聖經	七頭赤龍	聖經中曾經提過一種生物，像是龍，有七個頭十個角，頭上還戴著七個皇冠，被視為撒旦的化身。

噴火獸：凱梅拉

凱梅拉是希臘神話中的可怕噴火怪獸，牠是萬獸之母艾齊娜的孩子，盤踞在利西亞，在當地作怪多年，沒有任何人可以殺死牠。跟中國的四不像一樣，凱梅拉是由多種動物組合而成的生物，據說牠有三個頭，身體為母獅子，尾巴為蛇，頭像是山羊一樣，且每個頭都可以噴火，危險又致命。之後希臘有許多由不同生物組成的怪獸，也都被稱為凱梅拉。

凱梅拉

荷馬最初在他的著作《伊里亞德》裡頭提過凱梅拉。他寫到有一種生物，凡人無法殺死，似乎擁有不朽的生命，前面有雄獅的頭，後面還有一個頭像是蛇一樣，山羊般的頭在中間的軀體，且能從口中噴出無比炙熱的火焰，融化一切。

赫西奧德在《神譜》中關於凱梅拉的描述則有些微不同，擁有三個頭的描述一樣，但上半身是一頭公猛獅、下半身是一條巨龍，身體中段像山羊，呼出來的是熊熊火焰。

有趣的是，即使多數描寫凱梅拉的片段中都有提到牠身體的一部分是雄獅，但凱梅拉其實是雌性。

希臘人非常懼怕這種怪獸，牠本身就代表著噩耗，凱梅拉的出現代表暴風雨的來臨，甚至是火山爆

BOX

噴火的凱梅拉真相：希臘的考古學家老普林尼在利西亞觀察的結果，判定凱梅拉其實是當地的一種天然景觀，利西亞的地底有存量豐富的天然氣，這些天然氣在偶然間透過地表裂縫冒出，結果從地底燃燒起永遠不會熄滅的熊熊烈火。有可能在穿鑿附會下，天然氣引發的火焰，成了可怕的噴火怪獸——凱梅拉。

發等對人類來說相當危險的大自然之怒。

這樣可怕的怪獸，最後竟然死在少年英雄貝雷洛豐的手裡。

貝雷洛豐駕著飛馬皮葛瑟斯在凱梅拉四周仔細觀察，發現凱梅拉根本沒有弱點，除非由上空攻擊，於是他瞄準凱梅拉的喉嚨，將他手中的武器插入凱梅拉喉嚨中，凱梅拉欲噴火燒死貝雷洛豐，結果反而融化了武器，武器形成滾燙的液體流入喉嚨，凱梅拉因此窒息而死。

少年英雄貝雷洛豐由上空攻擊凱梅拉

希臘神話中的混種生物

名稱	混種部位	描述
鷹鷲	獅子的頭與老鷹的翅膀	由於獅子是萬獸之王，老鷹又是鳥類中的霸主，因此鷹鷲被認為可稱霸天空與地面，是相當強大的生物。
西波坎普	尾巴為魚尾，頭則是馬的形狀	這種奇特馬與魚的組合，據說與海神波賽頓有關，海神有可能是牠們的創造者。傳說中牠們可以在鹹水或淡水中生活，移動速度快速，如陸地上的馬匹一樣。
斯芬克斯	臉為貓，身體為獅子的形狀	與凱梅拉一樣是萬獸之母的孩子，是相當狡猾、詭計多端的生物，殺害了不少人。
飛馬皮葛瑟斯	身體為馬，身上卻有鳥的翅膀	據說牠是帕修斯殺死梅杜莎時，由梅杜莎血液中誕生的，後成為宙斯的愛馬。

金嗓女妖：賽壬

賽壬又被稱為金嗓女妖，極具誘惑卻也絕對致命。她們在神話中相當出名，由於歌聲甜美極具誘惑力，能吸引水手使其迷航，甚至喪命，因此相當危險。《奧德賽》中描述美麗的賽壬慵懶躺在草地上歌唱，旁邊就堆著可憐人的屍體與風乾的屍骨。

賽壬

關於金嗓女妖的來源有很多種說法，據說她們是春神柏瑟芬的同伴，目睹柏瑟芬被綁架卻無力阻止，大地女神賜予她們翅膀去尋找柏瑟芬卻無下落，因此將她們貶成女妖。也有說法是希拉命令金嗓女妖與繆思女神比賽誰的歌聲比較動人，結果金嗓女妖輸了，失去了榮耀與皇冠而成為女妖。

根據神話中的描述，其實金嗓女妖數量不多，荷馬說總共有兩名，但其他作者提到了三名。不管數量多少，她們都相當難纏，奧德修斯與阿爾戈號英雄都曾經吃過她們的苦頭。

在《尋找金羊毛》中，傑遜率領眾阿爾戈號英雄途經賽壬的島嶼，但是英雄們已經被警告過，奧菲爾斯一路上不斷彈奏豎琴，豎琴聲蓋過了賽壬的歌聲，英雄們安全通過，唯有一名水手耐不住誘惑跳水去尋找女妖，卻被神明救起。奧德修斯則聰明多了，他命令水手們將耳朵灌入蠟，讓水手們完全聽不到外面的聲音，卻要求水手將他五花大綁牢牢捆在船柱上，讓他可以聽見賽壬的歌聲與內容，這讓奧德修斯成為唯一聽過賽壬的歌聲卻生還的人。他事後描述，賽壬不僅聲音動人，唱的內容更是引人駐足，若不是被綁住，肯定會失去理智投入海中喪命。

可惜金嗓女妖曾經被詛咒，若

是有人聽過她們的歌聲而不著迷失去理智而死，金嗓女妖將失去法力死亡，因此可以猜想她們已經因為奧德修斯的好奇心而死去。

即使這些女妖非常出名，不過關於外型卻有些爭議，許多神話中描述她們為有翅膀的鳥身女妖，歐里庇得斯在希臘悲劇中提到她們是擁有翅膀的少女，為大地之母蓋亞的女兒們。另一個版本中，賽壬卻變成一種類似人魚，生活在海中的海妖。在許多畫作中可以看出端倪，有些畫中她們是鳥身，有些畫中則是人魚，可見兩種形象共同存在著。

賽壬與奧德修斯，此圖的賽壬為鳥身形象

賽壬與奧德修斯，此圖的賽壬為人魚形象

半人馬：賽陶

人頭馬或稱為半人馬，是希臘神話中的神話生物，他們擁有人類的上半身，下半身與腿卻是馬的型態，雖然半人半馬，但是他們多半被形容為粗魯、未開化、具有野性，較類似於動物的性格。

神話中說他們是阿波羅的後代，阿波羅讓河神的女兒史緹碧懷孕，史緹碧生下了一對雙胞胎兄弟，一個是人頭馬，之後他創造出一整個人頭馬家族，另外一個則是人類拉普特，他也創造出了一整個人類族群。

賽陶

由於兩邊家族都有同樣血脈，因此感情一直相當融洽，即使人頭馬族有時似乎不太接受文明開化，顯得有些野蠻，但是拉普特族一直與人頭馬族友好。

直到某一天，拉普特族有一場盛大的婚禮，他們邀請了所有賓客，包含人頭馬族來慶祝喜宴，結果人頭馬族喝多了，開始在婚禮上喧鬧。拉普特族客氣地請他們放低音量，結果雙方擦槍走火，人頭馬們想搶走新娘、搗毀婚禮，引發了兩方大戰。人頭馬或許不是有禮貌的貴賓，但他們卻是強壯的武士，現場一片大亂，拉普特的英雄卡涅尼斯也在這場事故中不幸身亡。幸好有大英雄鐵修斯在現場，否則人頭馬們有可能成功劫走新娘，提議搶走新娘的人頭馬尤利提昂，則被鐵修斯割掉耳朵與鼻子扔了出去。

卡涅尼斯是拉普特族中的大英雄，原本是女兒身，但她向波賽頓表示，自己想要變成男兒身，於是海神將她變成男子。變成男人的身分後，卡涅尼斯英勇善戰，替拉普特族贏得不少榮耀，被譽為大英雄，結果他慘死於婚禮上，人頭馬族與拉普特族從此永遠交惡。

不過也不是所有人頭馬都這麼不講道理，其中有一名叫作齊龍的，就因為他睿智且博學多聞，所以在希臘神話中頗受眾神與人類尊敬。他是許多大英雄與神明的老師，以他的身分來分析的話，他其實可能與其他人頭馬的血源不同，神話中描述他為克羅諾斯的兒子，這讓他成為了宙斯同父異母的兄弟，這或許可以解釋他為何與其他人頭馬有這麼多不同之處，其他的人頭馬會受傷、會因為年齡而老去甚至死亡，但齊龍是不朽的，他永遠不會老化或死去。雖然不朽的特徵看似優點，最後卻讓齊龍吃了不少苦頭。

這次肇事的元凶是魯莽的大英雄海克力士。他不小心在一場狩獵中，射傷了齊龍，原本齊龍應該能讓傷口痊癒，健康地活下去，但海克力士在箭上面塗了九頭龍的毒液，結果傷口無法癒合，不斷地腐蝕齊龍的身體，齊龍疼痛不已，誰也無法醫好他的傷，但他也無法死去，所以註定他得永遠承受這種椎心的痛苦。

他最後受不了了，但也不願意就這樣浪費他的永恆生命。當時泰坦神普羅米修斯因為偏袒人類得罪宙斯，被鎖鍊鎖在高加索山上，每天任老鷹啃食身體，因此痛苦不已，兩人同病相憐。

半人馬齊龍曾是希臘大英雄阿基里斯的老師

齊龍向宙斯請求讓他承受普羅米修斯的罪孽死去，普羅米修斯則可以重新恢復自由身。宙斯為這樣的犧牲感到感動，於是准許了齊龍的要求，就這樣，齊龍終於解脫，普羅米修斯也重新恢復自由，皆大歡喜。

希臘神話中半人半獸的生物

名稱	混種類型	描述
哈琵女妖	半鳥半人	並無與人類混血，僅是擁有人首。
米諾陶斯	半牛半人	是克里特島的王后與牛所生，因此具有半人半牛的特性。
金嗓女妖賽壬	半魚半人	上半身是人類，下半身是魚的賽壬，外型與人魚類似。
薩提爾	半人半山羊	薩提爾算是神明，不過是人間的神明。上半身是人型，下半身則是山羊。

戈岡女妖與梅杜莎

戈岡女妖共有三位，是希臘神話中恐怖的女妖，戈岡兩字本身就代表著「令人恐懼的」。她們是三姊妹，但奇怪的是只有兩位是不朽之身，梅杜莎則是可以被殺死的。

戈岡女妖三姊妹

她們頭上都長滿不斷吐信的毒蛇，直視她們雙眼的人會變成石頭，因此人們都不敢接近戈岡女妖的地盤。三位女妖分別名為詩提諾、尤麗夜、梅杜莎，其中最兇狠的是大姊詩提諾，據說她殺死的人比兩個妹妹加起來還多，是很可怕的女妖。

關於她們的來歷眾說紛紜，但多半都提到她們是原始海神與賽托的女兒，賽托被視為一種可怕的海怪，與萬妖之母艾齊娜一樣誕下不少怪獸，希臘人更將她視為不吉祥的象徵，只要她的出現就代表會有海難。

海難女神賽托生下了可怕女妖危害人間，她們的手與爪子是青銅作的，堅韌又銳利，甚至有些傳說中她們擁有翅膀可以飛翔。

不過關於她們的數量比較有爭議，荷馬在《奧德賽》裡只提到一位，赫西奧德卻說有三位，且只有梅杜莎的頭上有蛇髮。

奧維在《變形記》中有不少關於梅杜莎的描述，卻沒有提到另外兩位女妖。《變形記》裡頭的帕修

BOX

珊瑚的由來：海草碰到了梅杜莎的鮮血當場變硬，海仙女們覺得有趣，拿了不少海草來實驗，結果海草全部變硬，她們將變硬的海草當種子灑在海上，結果就成了珊瑚，在海中搖曳的枝葉，一離開水面接觸空氣就變硬。

梅杜莎的外表相當恐怖，頭上長滿毒蛇

斯在與妻子安卓美達的婚禮上，向眾人述說自己的冒險故事，他說在偏遠的石壁中，穿越無人跡的密林與荒野，看到四處都是石像。他了解那都是看到梅杜莎後，被變成石像的人，於是他左手拿出青銅盾，透過鏡面看到可怕的女妖，右手就割下了她的頭顱。

他還描述自己在旅途中遇到的其他危險，個個都驚險萬分，直到其中一名賓客問到，為何只有梅杜莎的頭上有蛇髮呢？

帕修斯回答說，梅杜莎原本是有一頭亮麗秀髮的美人，雖然心地不善良，但是向她求婚的人多得數不清，梅杜莎讓這些男人為她瘋狂，爭風吃醋並彼此勾心鬥角，結果一名小海神看上了她，於雅典娜的神殿中與梅杜莎結合。雅典娜認為他們這樣的行為應該受到懲罰，於是將梅杜莎的一頭秀髮變成毒蛇，讓世上再也沒有男人會愛上她。

這也解釋了為何之後當帕修斯發下宏願，表示他要殺死梅杜莎獻給國王作禮物的時候，雅典娜欣然幫助他。顯然女神還在記恨，之後帕修斯將梅杜莎的頭獻給雅典娜，雅典娜就將梅杜莎的頭顱放在神盾上，讓世人都可以看見，得罪戰爭女神雅典娜的下場會是如何。

從梅杜莎的血中出現的生物

- 珊瑚
- 北非的毒蛇
- 巨人克萊瑟斯
- 飛馬皮葛瑟斯

狼人萊肯

狼人萊肯

歐維在《變形記》中描述，一日，宙斯大怒，召開了神界大會，將所有眾神都找來奧林帕斯。他坐上寶座，手握象牙權杖，甩動頭髮，海陸為之震搖。天神們都很吃驚，究竟是什麼樣的事情，讓天父宙斯如此憤怒？

原來是阿卡迪亞的萊肯國王犯下了天條。宙斯微服出巡，來到阿卡迪亞，他告訴阿卡迪亞的民眾他是天神，民眾當場下跪表示敬意，但是國王萊肯卻無動於衷。他不相信這是天神，假意將宙斯邀請進皇宮當作賓客，半夜卻意圖謀害宙斯，沒想到宙斯早就知道他的詭計，萊肯沒有得逞，但他不願意放棄，堅持測試宙斯的身分是否為天神，於是他將活人殺死，煮成佳餚奉給宙斯食用。宙斯看見桌上的肉就知道萊肯鑄下大錯，竟然試圖讓他吃人肉，於是大發雷霆。

他召來雷電擊毀萊肯的宮殿，萊肯逃到野外，以為逃過一劫時，突然發現自己無法言語了，身上慢慢地長出毛皮，手變成爪子，臉也變成了動物，就這樣，他變成了一隻狼，這就是宙斯對他的懲罰。

在其他傳說版本裡，萊肯獻上的肉是他的親兒子尼可提摩斯，他手刃親子只為測試宙斯是否為天神，於是宙斯大怒，以雷霆毀滅了他的宮殿與另外四十九名兒子，但他將尼可提摩斯重新拼湊為完整的人並讓他復活。但因為萊肯的心惡毒得像是狼一樣，於是宙斯將萊肯變為半人半狼的生物，結果萊肯成為希臘狼人的始祖。

從此，萊肯就為這半狼半人的生命形態折磨，據說大部分的時間他還是人類，但是到了固定日子就會變得瘋狂，變成凶惡的狼，六親不認，人性完全消失不見。在當時的傳說中並未特別說明萊肯變身的時日。約西元前一世紀，詩人蓋爾斯在他的詩作中提到狼人這種生物時，他特別提到狼人都是於滿月的時候變身，結果後來的傳說多半延續蓋爾的說法，認為萊肯在月圓時會轉換身分變成狼人。

從此之後，阿卡迪亞這個地區便出現不少狼人傳說，由於國王得罪了天神，結果罪孽卻要全城的人一起承擔，這種現象在希臘神話中屢見不鮮。

阿卡迪亞王國被要求每年都要舉辦祭典，奉獻給天神宙斯。天神為了懲罰萊肯的作為，要求年輕人來作為祭品，他們不會被血淋淋地宰殺，而是在祭典之後被變為狼人。據說若是心思純潔的少年可以逃過此劫，大部分的人還是會轉變成狼人，維持狼人的型態整整九年，如果到時候，變成狼人的少年沒有吃過人肉，或是沒殺過人，少年就可以恢復身分，以人類的生命繼續活下去；但如果少年殺了人，吃了人肉，就得一輩子都當狼人，沒有恢復的一天。

萊肯被宙斯變成狼人

世界各國的狼人傳說

地區	傳說
北歐	北歐有一群效忠於奧丁的英勇戰士，長年披著野獸皮作戰，讓自己像野獸一般勇猛（大力士海克力士也有相同的行徑），只不過這些人漸漸地似乎覺得自己是動物而非人，就變成半人半狼的怪物，終日躲在陰暗處，再也變不回人了。
英格蘭	英格蘭到了十七世紀後，狼人傳說幾乎絕跡，但在蘇格蘭與英格蘭尚未合併的年代，有一則相當有名的狼人傳說。關於一位君王名為約翰．拉克蘭，他從獅心王理查手中奪取了王位，卻被僧人用烏頭鹼毒草毒死，結果他死後據說化成狼人作亂人間。
日耳曼	日耳曼地區狼人傳說興盛，曾有傳說農民繞路回家經過森林被狼人追殺，農民急忙間用鋤頭傷了狼，趕緊逃回家向村民述說剛才的驚險過程。村民找了一夜都找不到負傷的狼人，回到村落卻發現同村的另外一位農夫在家流血致死，受傷的地方正是先前農夫用鋤頭攻擊的位置。
法國	隱士加尼爾獨自居住森林中，卻常傳說看見他化身為狼人被村民目擊，於是村民將他逮捕，追問他失蹤小女孩下落，但加尼爾只說了老婆婆的肉很難吃之類的瘋言瘋語，不過在十五位證人指證歷歷的情況下，加尼爾還是被處以火刑燒死了。

女妖斯庫拉

斯庫拉本來是美麗的海精靈，運氣卻不是那麼好，一日她在海邊閉上眼睛舒服地享受日光浴時，一名海神經過看見了她，並為之驚豔。她張開雙眼，突然看到相貌奇特的男子在盯著她看，嚇得半死的斯庫拉趕緊躲起來，沒想到對方卻追了過來。

逐漸變成妖怪的斯庫拉

他說他叫葛勞克斯，一名新海神，他曾經是凡人，在海上度過大半人生，某一天撒網捕魚，將魚群放在草地上計算漁獲，結果魚就在草地上面悠然游起泳來。

他覺得很奇妙，就拿起青草開始研究，最後不知為何有一股衝動，將青草放進嘴中，結果身體頓時產生變化，他跳入海中，就變成了現在這副模樣。海中的神明都歡迎他，並讓他成為他們的一員，讓他在一百條河流下洗淨身體，從此不再是凡夫俗子。他的身體變成墨綠色，手臂變成湛藍色，兩腿也變成了魚尾。

他誠懇地告白，斯庫拉卻懼怕他奇特的外表，於是趁他忙著解釋的時候，一溜煙逃回大海裡了。

難過的葛勞克斯，只能前往女巫瑟西的島嶼向她哭訴。他告訴瑟西，如果她懂得單戀之苦，就請幫幫可憐的他。他知道世界上有很多神奇的藥草，他吃下去的就是其中一種，一定有一種可以讓斯庫拉愛上他。

瑟西當然懂得單戀之苦，她的幾段戀情都沒有結果，所以她看到苦惱的海神如此深情時，不禁愛上了他。她向葛勞克斯示愛，卻遭到了拒絕。

她假意敬佩葛勞克斯，給了他一瓶魔藥，說可以讓斯庫拉愛上他。單純的葛勞克斯不疑有他，他來到斯庫拉時常出沒的海岸邊，將魔藥倒入海中，滿心期盼魔藥會發揮作用，讓他抱得美人歸。

日正當中，斯庫拉一如往常前來避暑，在海中泡澡，沒想到突然間看到自己的下半身變了形，身上長出好多可怕的怪物，她驚嚇不已，想要逃離那些怪物，但是那些怪物就長在她身上，她無法閃躲。

原來女巫瑟西相當不好惹，她眼見葛勞克斯不愛她，而她得不到的，別人也別想得到，於是她採來含有劇毒的藥草，混在她答應給葛勞克斯的愛情魔藥中。

葛勞克斯見到斯庫拉變成如此模樣，不禁大哭，他詛咒瑟西，但斯庫拉已經變不回原本的模樣。

希臘神話將斯庫拉的外貌描繪得相當可怕，說她身上有四隻眼睛與六個頭，每個頭都可怕極了，嘴裡都是銳利的尖牙，且有十二條類似觸鬚的腿，另外在腰間佈滿狗的頭，身後還長著貓的尾巴。

深感怨恨的斯庫拉就躲在海峽邊，以攻擊船隻與殺死水手復仇，海峽的另一邊則是可怕的漩渦女妖，中間是狹窄的河道。若是經過的船隻為了避開斯庫拉，就會被漩渦女妖捲走，但水手們為了避開漩渦女妖，而靠著斯庫拉的岩石航行時，斯庫拉又會搗毀船隻，將水手們活活吞食，實在是難以閃避。

奧德修斯曾經路過此地，他聽從女巫的警告，將船靠近斯庫拉的岩石航行，果然保住了船隻，但斯庫拉還是殺死了他船上的六個水手。

也因此，俗語「斯庫拉與卡律布狄漩渦之間（between Scylla and Charybdis）」，正是兩難之意。

女巫瑟西單戀的對象

據傳女巫瑟西因為得罪小愛神愛羅斯，因此陷入了容易愛上不愛她的人的情形，三段戀曲都沒有結果

對象	身分	描述
皮可斯	拉提姆的國王	瑟西愛上了他，但是對方不愛她，得不到回報的瑟西一怒之下，把皮可斯變成啄木鳥。
奧德修斯	伊薩卡的國王	奧德修斯返鄉途中曾經遇到瑟西，她的巫術對他沒有用，瑟西因此愛上他，但奧德修斯心有所屬，愛的是他的老婆潘妮洛普，瑟西只好飲恨放棄。
葛勞克斯	海神	瑟西覺得葛勞克斯是癡情的人而愛上他，沒想到葛勞克斯心中只有斯庫拉，因此瑟西把斯庫拉變成怪物洩恨。

斯庫拉與葛勞克斯

宙斯的獵犬：哈琵女妖

哈琵女妖是希臘神話中一種半人半鳥的可怕生物，關於她們的來源，通常傳說是海神泰馬斯與伊萊克查所生，也有她們的父母其實是艾齊娜與泰豐的說法。赫西奧德在《神譜》中將她們人類的一半描繪得就像是美麗的女人一樣，只是背後有著翅膀。但是大部分的陶瓷作品中，她們的相貌都是醜陋且兇惡的，基本上她們與賽王的外貌類似，只是更為兇殘。

哈琵女妖

哈琵這個字本身就代表掠奪，她們是一種極為貪婪的怪物，因為飛行速度相當快速，被視為疾馳的風。若是有東西突然間不見了，通常會被視為她們的傑作。她們也被稱為宙斯的獵犬，只要誰得罪了宙斯，天父就會派這種可怕的女妖去糾纏他們，直到死去的一天。

她們是彩虹女神艾莉斯的姊妹，卻跟她們的姊妹一點相似的地方也沒有。關於她們最出名的故事，就是糾纏色雷斯王國的菲紐斯國王的故事。

菲紐斯國王因為天生擁有預言能力，因此受到宙斯刁難，宙斯最討厭擁有預知能力的人，因為他雖然貴為天父，行事卻鬼鬼祟祟，經常偷偷摸摸來到凡間追求女子。若有人能得知宙斯的去向並向天后希拉打小報告，那宙斯就遭殃了，為此宙斯非常憎恨菲紐斯，神明懲罰人的方式通常都相當奇特，尤其是宙斯。

他對菲紐斯的懲罰是，將他流放到一個充滿美味食物的島嶼上，但他卻永遠都吃不到。因為每當他要將食物放進口中時，哈琵女妖們就會出現，她們的速度飛快，一眨眼就從天上出現，然後搗毀現場所有食物，讓菲紐斯吃不得，且這些女妖本身有種腐敗的味道，就算沒有被她們搗毀的食物也會變得汙臭

伊尼亞斯與特洛伊人遇到可怕的哈琵女妖

不堪，菲紐斯只得每天挨餓，他又餓又虛弱，瘦得只剩下骨頭。

幸好阿爾戈號的英雄們路過此地，傑遜率領眾英雄來到島上，發現一個又餓又瘦全身皮包骨的老頭，於是詢問他究竟發生何事？菲紐斯將他的冤屈告訴傑遜，他是如何洩漏天機，因而被宙斯流放。

眾英雄都覺得菲紐斯相當可憐，決定要幫助他，阿爾戈號英雄中有兩位是北風波瑞斯的兒子卡拉斯與賽特斯，他們的背後也有翅膀，且繼承了父親的神力，可以飛翔得與風一樣快速。菲紐斯開心之餘，大擺宴席，款待眾英雄，果然哈琵女妖出現了，她們先搗毀食物，再於食物上便溺，但這次她們再也無法輕鬆逃走，北風的兒子們可不好惹，他們拿起箭來趕跑哈琵女妖，即使女妖飛得再快也快不過他們的箭。

這時，彩虹女神艾莉斯現身了，她是幫宙斯傳達訊息的。原來宙斯在天庭上看見哈琵女妖因為執行他的任務差點被殺死，趕緊派彩虹女神來凡間向眾英雄保證，若是願意放過哈琵的話，他將永遠不會再派女妖們糾纏菲紐斯。

眾英雄們欣然同意，他們也不想得罪神明。就這樣菲紐斯重獲了自由。

希臘神話中曾經與哈琵女妖交戰的人們

書名	經過	結果
《伊尼亞德記》	伊尼亞斯曾經與特洛伊人遇到兇猛的哈琵女妖，結果竟然被趕走，無力屠妖。	落敗
《尋找金羊毛》	傑遜與阿爾戈號英雄巧遇菲紐斯，北風的兒子們相當英勇，差點殺死她們，最後宙斯只得將哈琵女妖暫時召回。	勝利

獨眼巨人・賽克洛普

賽克洛普又被稱為獨眼巨人，他們是希臘神話中的龐然巨獸，外表與人相同，只是體型巨大，且只有一隻眼睛，就位在前額，又圓又大，像車輪一樣，因此又被稱為車輪眼。

赫西奧德在《神譜》中寫到他們是大地之母蓋亞與天父烏拉諾斯的孩子，一共有三位。天父憎厭他們醜陋又奇怪的外型，因此把他們與百眼怪物關在深不見底的地獄塔爾塔羅斯中。

但他們是威力強大的幫手，泰坦神克羅諾斯在推翻天父時曾經將他們放出來，幫助泰坦神。結果這些可憐的傢伙在克羅諾斯成功推翻父親後，又被丟回塔爾塔羅斯中，可是又能如何呢？即使心中充滿怨恨，但被關在由火焰與青銅圍起來的巨牆裡，賽克洛普無法復仇。

在諸神之戰中，奧林帕斯神起初處於弱勢，但宙斯看見賽克洛普在塔爾塔羅斯中受苦，心中明白他們可以是很好的幫手，於是偷偷將他們從地獄中放了出來。賽克洛普為此感激不已，以他們的力量替奧林帕斯打造了不少神奇的兵器。

這三項武器讓奧林帕斯神在諸神之戰中佔了上風，因此，結束戰爭後，賽克洛普也獲得了渴望已久的自由。

許多故事說他們留在奧林帕斯仙境中，擔任火神黑法斯托斯這位同樣具有巧手的鐵匠助手。

關於遠古的賽克洛普故事就這樣結束了，之後的神話再也沒有提

獨眼巨人

- 大地之母蓋亞與烏拉諾斯生下來的醜陋孩子，可是手藝奇巧媲美黑法斯托斯，他們給予奧林帕斯神很多法寶，成為致勝的關鍵。
- 海神波賽頓的孩子，他們數量眾多，個性兇殘，《伊尼亞德記》說他們總共有一百位，共同居住在一個小島上，人類應敬而遠之。

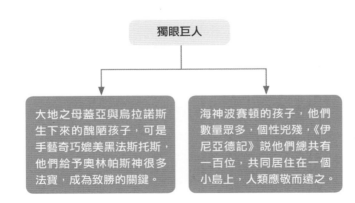

到他們。

但是，顯然後來又出現另外一批獨眼巨人，他們也被冠上賽克洛普的稱呼，不過他們是波賽頓的孩子，顯然與之前的巨人流有不同血脈，由於荷馬曾經在《奧德賽》中提到他們，讓他們非常出名。

在《奧德賽》中，男主角奧德修斯遇到的獨眼巨人被稱為波利菲莫斯，他們在返鄉途中，為了尋找補給，將船停靠在波利菲莫斯的島嶼上，結果他們差點全數死在那兒。根據《奧德賽》中描述，島上有許多獨眼巨人，但只有波利菲莫斯刁難他們，奧德修斯用計戳瞎獨眼巨人，巨人痛苦得大叫，並要求他報出名來，起初奧德修斯很聰明地說他是無名小輩，但之後感到驕傲，在逃走前告訴獨眼巨人，他叫作奧德修斯，來自伊薩卡。這為他帶來了大麻煩，即使他最後得意洋洋逃離了可怕的小島，繼續返家的旅程，可憐的獨眼巨人只能獨自在河邊清洗自己的傷口，但波賽頓看見了事發經過，為了替自己兒子打抱不平，不斷找奧德修斯麻煩，也造成奧德修斯最後花了十二年才返家的漫長旅程。

獨眼巨人打造的兵器

天神	武器	描述
宙斯	雷霆	他們製造專屬於宙斯的武器，三名賽克洛普，一個給予他光亮、一個給予他雷霆，一個給予他閃電，就製造出了宙斯無敵的雷霆，之後宙斯用武器擊敗了為數甚多的泰坦神與最可怕的敵人泰豐。
黑帝斯	隱身斗篷	賽克洛普製造出能讓人隱形的斗篷，只要穿上，沒有任何人可以看見黑帝斯。
波賽頓	三叉戟	他們也替海神波賽頓打造了三叉戟，無比堅韌，無任何凡人可以摧毀。

獨眼巨人

各國神話中的獨眼怪物比較

名稱	地區	描述
一目小僧	日本	日本神畫中的怪物，一目小僧的外表像是十歲小孩，但臉上只有一個巨大眼睛與長舌。
離丘（Likho）	斯拉夫	斯拉夫神話中的離丘是外表黑黑瘦瘦，但臉上只有一隻大眼睛的怪物，它代表著厄運，遇到它的人都不會有好下場。
貝勒（Balor）	居爾特	貝勒是封魔人，只有一隻眼睛卻異常巨大，被他的眼睛看過的人會馬上死去，是居爾特神話中很可怕的邪神。

第五篇

史詩與戲劇

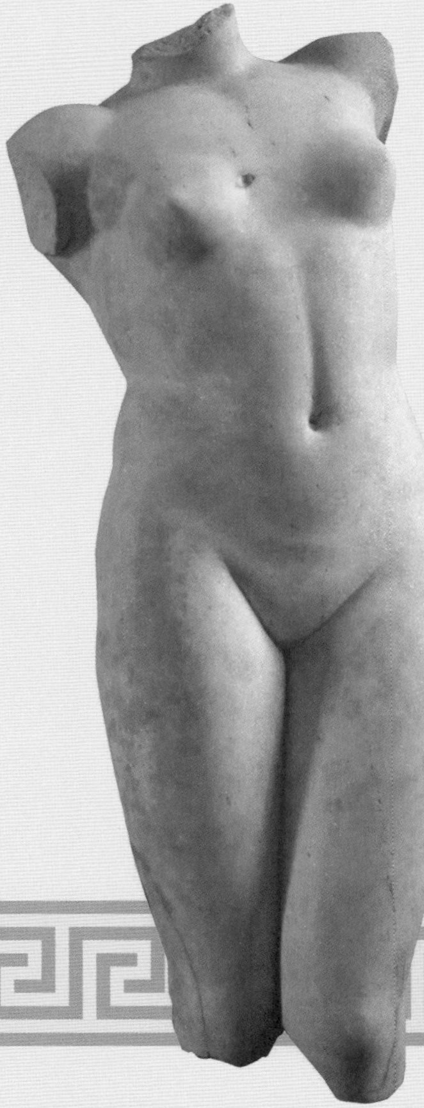

《伊里亞德》：特洛伊的故事

導讀

《伊里亞德》是荷馬寫的偉大史詩，描述希臘與特洛伊之間的戰爭，雖然史詩中僅描述最後一年（總共十年）的幾週時間，但清楚描述了許多細節，從希臘統帥阿葛曼儂與希臘第一勇士阿基里斯的爭執開始，在特洛伊王子赫克特的葬禮後結束。現今我們讀到關於完整特洛伊戰爭的故事，多半是綜合了其他詩人增添的描述與細節。當然《伊里亞德》還是主軸，但加上了歐里庇得斯的悲劇、維吉爾的《伊尼亞德記》與奧維的許多部作品，更能呈現當年戰爭的完整面貌。

出場人物：

阿葛曼儂：希臘軍營的統帥，米涅勞斯的兄長，想趁這次的戰爭一舉消滅特洛伊。

阿基里斯：希臘第一勇士，在阿葛曼儂的號召下，一同前往攻打特洛伊。

米涅勞斯：海倫的丈夫，因妻子被帕里斯拐跑，欲奪回妻子，憤而攻打特洛伊。

海倫：天下第一美女，是引發特洛伊戰爭的關鍵。

帕里斯：特洛伊的小王子，誘拐海倫回特洛伊，因此引發大戰。

赫克特：特洛伊的第一勇士，為人正直，相當英勇好戰，最後死於沙場上。

安卓柔瑪姬：赫克特的妻子。

伊芙吉奈亞：阿葛曼儂的長女，被當作祭品獻給阿緹密絲。

赫庫巴：特洛伊城的皇后。

奧德修斯：伊薩卡的國王，老奸巨滑，是希臘人獲勝的關鍵。

普萊姆：特洛伊城的國王，於特洛伊淪陷時被殺死。

卡珊德拉：特洛伊的公主，她被阿波羅愛上，因此被賜予預言的能力，但她拒絕了阿波羅的愛，於是阿波羅讓世人不相信她說的話。

愛瑞絲：混亂女神，由於混亂女神的忌妒心，引發了整場戰爭。

混亂女神的金蘋果

宙斯將水精靈泰緹絲下嫁帕琉斯，帕琉斯舉辦了盛大的婚禮晚宴，連天神都受邀參加這場盛宴。所有神明精心打扮、盛裝出席，這看在混亂女神愛瑞絲的眼裡很不是滋味。

她自認是地位古老的女神，世界上是先有混亂才有秩序的，論階級應該比眾神都高一階，但奧林帕斯神舉辦宴會卻刻意遺忘她。

金蘋果

於是愛瑞絲開始計畫可怕的陰謀。她偷偷潛進天空精靈海斯特拉蒂守護的金蘋果園，挑選了一顆最飽滿圓亮的金蘋果，並將金蘋果丟入宴會場地中。諸神看見金蘋果被丟進來，忍不住四處觀看是誰的傑作，但愛瑞絲早就躲起來，於是諸神把注意力放在金蘋果上，他們看見金蘋果上面放著一張字條，寫著「給最美的」。

奧林帕斯的女神們眼睛都亮了，誰都希望自己是最美的女神，阿芙蘿黛蒂搔首弄姿，拿出她蘊含魅力的腰帶，向大家送秋波，眾神都拜倒在她裙下。雅典娜不甘示弱，她全副武裝，帶著武器站了出來，英姿煥發，美得幾可奪目。此時天后希拉出現了，她穿著華麗的禮服，姿態柔美，這下眾神都不知道金蘋果該歸誰所有。

三位女神堅決一定要拿到金蘋果，於是請宙斯裁決，但宙斯不傻，他跟老狐狸一樣奸詐，深知三位女神都不好得罪，於是他堅持自己眼光愚鈍，讓三位女神去找特洛伊的小王子帕里斯決定。

帕里斯當時正在草地上牧羊，日子過得單純又愜意，結果三位打扮華麗、閃閃發亮的女神突然從天而降，他著實嚇了一大跳，直到她們說出來意。三位女神著迷於金蘋果，並不打算讓帕里斯以眼睛來決定誰是最美的，這也不是一項容易分出勝負的任務，於是三個女神都決定以賄賂當作籌碼。

結果愚蠢的帕里斯竟然選擇了阿芙蘿黛蒂，就這樣，愛與美之神擺出勝利的表情，高興地拿走了金蘋果，這樣的舉動當然惹怒了希拉與雅典娜，這段故事相當有名，被稱為帕里斯的判決。

特洛伊的淪亡從這一刻便開始倒數計時。

三位女神的籌碼

希拉	雅典娜	阿芙蘿黛蒂
歐洲與亞洲的統領者	征服希臘人	世上最美的女人
天后希拉說，只要你選擇我，我就給你整個歐洲與亞洲，你可以當兩大洲的統領者。	雅典娜是戰爭女神，她深知特洛伊與希臘是世仇，於是她告訴帕里斯，若是你選擇我，我就讓特洛伊征服希臘，把希臘完全毀掉。	愛與美之神知道帕里斯嚮往何物，她提供世界上最美的女人。

世間第一美女：海倫

世界上最美的女人是誰？就是米涅勞斯的老婆海倫，她是宙斯與列妲的女兒，相貌非常美麗，世上的凡人紛紛都愛上她，垂涎她的美貌，希望能將她娶回家。一大群人聚在海倫家裡，每個都宣稱自己會給海倫世上最好的東西，若是娶不到海倫將不惜一戰。

海倫名義上的父親是提達瑞斯國王，他陷入兩難的處境，若是他隨意選擇，將會引發戰爭，海倫的兩位哥哥忙著應付眾多追求者，一邊提達瑞斯國王則不斷動腦思考該如何應付。

三位女神要求帕里斯選擇誰是最美的女神

結果最後是狡猾的奧德修斯幫他解決了窘境。奧德修斯並沒有帶禮物來，事實上他並不覺得自己有多大勝算，所以他輕輕鬆鬆地前來，希望能有一絲絲機會娶到大美人，他向提達瑞斯獻上了一個絕妙的好點子。

他說：「不如這樣，提達瑞斯國王，您讓所有的追求者都起誓，無論誰娶了海倫，只要他們的婚姻出狀況，大家都必須要幫忙代他出頭，並盡力維護海倫的婚姻。」

這樣的誓言對追求者來說並不損害本身利益，於是他們紛紛起誓，大家都希望能成為海倫未來的丈夫。結果大家都起誓後，提達瑞斯選擇了阿葛曼儂的弟弟——米涅勞斯為海倫的丈夫。就這樣，所有追求者都失落地回家了，唯有阿葛曼儂替弟弟帶著美嬌娘海倫回到希臘。

夫妻倆就這樣相安無事地過了數年，直到帕里斯在草地上作出了那項大膽判決。阿芙蘿黛蒂知道世界上最美的女人是海倫，於是她領著帕里斯來到希臘，米涅勞斯熱誠招待他，卻傻傻地自己跑到克里特島處理事務，將年輕俊俏的帕里斯留在家裡與海倫共處，當他回來後，發現早已人去樓空。

帕里斯拐跑了海倫，將海倫帶回特洛伊。

米涅勞斯想起當初眾多追求者

天下第一美人海倫

海倫與帕里斯一見鍾情

在提達瑞斯建議下承諾的誓言，於是他登高一呼，號召全希臘的王子與國王前來幫助他。

所有人都依約來了，唯有兩位例外：奧德修斯與阿基里斯。奧德修斯算得可精了，他總覺得幫米涅勞斯追回老婆，自己一點好處也沒有，何況還要撇下妻子潘妮洛普與幼子，上戰場離開家園多年。於是他裝瘋賣傻，想逃避當年的誓言。

他在田裡播種，假意說等收成後便率軍出征，但種下的並非種子，而是一粒粒鹽巴，結果使者很聰明地識破了他，為了維護自己的榮耀，奧德修斯只好前往參加。

他的第一個任務，就是將阿基里斯也帶往米涅勞斯軍中，阿基里斯是希臘第一勇士，沒有他，根本沒有勝算。奧德修斯深知這一點，當他來到阿基里斯家中時，發現阿基里斯被他的母親藏了起來，泰緹絲知道兒子參加特洛伊戰爭必死無疑，所以將他裝扮成女人，藏在一群婦女中，讓奧德修斯找不到他。但奧德修斯豈泛泛之輩？他輕輕鬆鬆就找出阿基里斯，告訴他上戰場可以獲得永恆的榮耀。阿基里斯欣然赴約，把母親的警告拋諸腦後，就這樣，所有的人都到齊了。

女神的祭品

一切都就緒了，希臘統帥阿葛曼儂決心藉此機會一併毀掉特洛伊，讓希臘成為霸主。一千艘船艦載滿希臘英勇的戰士們準備出航，但是不知為何，港口一直颳著強烈的北風，船一出港口就被吹回，希臘人百思不解。

起初他們天真地想等待北風轉向，但北風一天一天吹，沒有減弱也沒有停，阿葛曼儂察覺這可能是神明的作為，於是他前往詢問先知。先知告訴他們，這是神明的懲罰，女神阿緹密絲生氣了，她心愛的小動物被希臘人殺掉，她要血債血償，除非阿葛曼儂獻上他的女兒為祭品，否則北風不會停，阿葛曼儂也就不能率領軍隊前往特洛伊。

阿葛曼儂雖然野心勃勃，但也心疼自己的女兒。畢竟是親骨肉，女兒的身體裡流的也是他的血，只是他若不手刃親女，無法平息女神的憤怒，那他就無法摧毀特洛伊，野心與親情在他的心中掙扎。經過一番深思熟慮後，他決心犧牲自己的女兒。

他派遣使者回家中，告訴大女

被獻祭的伊芙吉奈亞

兒伊芙吉奈亞，他要將她許配給大英雄阿基里斯，但要在出航前先舉行婚禮，女兒絲毫不懷疑父親的謊言，歡欣地來到港口邊，想著婚禮與婚後的甜蜜生活，沒想到一來到港口邊，就被綁在木樁上作祭品。

阿基里斯等待出征許久，不明白為何艦隊無法出航，於是前往阿葛曼儂的紮營處，要求希臘大軍立即出航，否則乾脆回家算了。

結果見到大家都恭賀他即將成為阿葛曼儂的女婿，明白整件事情的來龍去脈後，阿基里斯決心捍衛伊芙吉奈亞。但阿葛曼儂向來作風強悍，他不容許任何事情阻擋他的偉大戰役。

伊芙吉奈亞不斷哭喊與求饒，請求父親念在親情上放她一馬，但野心沖昏了阿葛曼儂的腦袋，載滿一千艘船的大軍一日不能出發，他就一日不能追求毀滅敵人、享受征服特洛伊的榮耀。於是他將女兒獻上祭壇，一陣風吹過後，伊芙吉奈亞不見了，從此死去。

可憐的女孩死了，北風也停了，阿葛曼儂揮軍前往特洛伊。他們航行了好久，途中遇到暴風雨，甚至一度迷航，經過長途跋涉終於來到了特洛伊。可當希臘船艦靠岸時，卻沒人有膽量踏上特洛伊的領土，因為先知說，第一個踏上特洛伊領土的人會最先死去，沒有人有膽量這麼做。奧德修斯眼見如此，便偷偷把他的盾牌丟在沙灘上，然後巧妙地跳到盾牌上，其他人沒有見到盾牌，只見到奧德修斯登上了特洛伊的沙灘，於是波特西琉斯率先上岸，其他人也跟著陸續前往，結果波特西琉斯果然被赫克特以標槍射死。希臘人對於他的死亡相當惋惜，某種程度上來說，他是為他們而死的，因此他們替他舉辦了王者般的葬禮。

據說神明也同情他，於是請使神漢密斯到陰間，讓他的靈魂回陽間見妻子最後一面，但他的妻子不願意與他分開，她選擇自盡，與丈夫一同到陰間去。

圍城十年的苦戰

激烈的戰爭就這樣展開了，希臘的勇士很強悍，但是特洛伊也有不少勇士，王子赫克特是其中最勇敢的，雙方對戰死傷慘重，但似乎勢均力敵，沒有一方能搶得絕對性的勝利。九年過去了，希臘軍開始感到煩躁，離家那麼多年，就為了一個不守婦道的女人，他們得撇下自己的妻子與孩子，在外征討多年，為的是什麼？

希臘統帥阿葛曼儂與阿基里斯也開始鬧不和，原因也是因為女人。

希臘軍隊攻陷阿波羅神廟後，將阿波羅的女祭司搶來獻給阿葛曼儂，此舉造成嚴重的後果。瘟疫在軍營中流竄，這是阿波羅的傑作，他的女祭司向他哭訴受到侮辱，這些人擺明不把阿波羅放在眼裡。阿基里斯明瞭神明的作法，也了解阿葛曼儂留著阿波羅女祭司的原因，不過是為了彰顯自己比神明更為強大的虛榮，於是他將阿波羅的女祭司歸還特洛伊人。

阿波羅心滿意足，收回了瘟疫，但阿葛曼儂豈是如此好打發之人？他覺得阿基里斯觸犯了他，於是前往阿基里斯的帳篷抓走阿基里斯的戰利品——布理賽絲，布理賽絲是個美麗的姑娘，金髮碧眼，面貌姣好，阿基里斯將她留在身邊陪伴，結果阿葛曼儂一意孤行，將女孩帶回自己帳篷。

阿基里斯大怒，發誓不再參與這場戰爭。希臘軍營少了阿基里斯這員猛將，頓時處於下風，雙方展開激戰，最後希臘與特洛伊雙方決定停戰，讓米涅勞斯與帕里斯兩位爭奪海倫的男子單獨決鬥。帕里斯答應了，卻沒有遵守諾言，米涅勞斯相當兇狠，帕里斯差點被他殺死，他一心只想逃回特洛伊城中，愛與美之神知道這場禍是她闖出來的，於是用一團雲霧遮住帕里斯，讓他安然逃回城裡。

米涅勞斯自然不服氣，他到處都找不到帕里斯，此時雅典娜誘使特洛伊人背信，用弓箭射向米涅勞斯，希臘人對於特洛伊人違背諾言感到氣憤，雙方又展開激烈的爭鬥，但希臘大英雄不在，特洛伊人不斷贏得勝利，如有神助，在那一晚特洛伊人差點贏得戰爭。

希臘人哀求阿基里斯重上戰場，但阿基里斯對於阿葛曼儂的作為還是相當憤怒，不願意出戰。阿基里斯的好友派翠克理斯見希臘人軍心渙散，於是偷了他的盔甲上戰場，希臘人以為阿基里斯重披戰袍，於是紛紛響應，跟著他上戰場。特洛伊王子赫克特見到阿基里斯親自上陣，於是前往挑戰他，結果赫克特輕鬆殺掉派翠克理斯，他以為是神明的幫助讓他輕易贏得決鬥，便脫下自己盔甲，穿上阿基里斯的盔甲，一路過關斬將，殺死不少希臘人。

阿基里斯當晚才得知好友的死訊，他深感慚愧，其母替他帶來黑法斯托斯打造的兵器讓他重上戰場。他一回到戰場上，馬上逆轉戰況，阿基里斯要求與赫克特決鬥，其實若非神明干涉，赫克特同樣英勇擅戰，不見得會輸，但神明全都站在阿基里斯身後，兩人展開激戰，赫克特多次射中阿基里斯的身體，但他刀槍不入，盔甲還是神明打造的，根本無法刺穿，赫克特沒有勝算。

當赫克特被阿基里斯用標槍殺死時，他只要求將他的屍體還給他的父母，讓父母替他舉辦葬禮，但阿基里斯看見赫克特穿著自己的盔甲，憤怒沖昏了腦袋，於是他毫不留情地對赫克特痛下殺手，並將他的盔甲與衣服脫下，將他的雙手綁在馬後，讓馬拖著屍體繞行特洛伊城，一圈又一圈地走著。

神明原本是支持阿基里斯的，但是他的作為太為殘忍，頓時紛紛批評起他來。特洛伊的國王普萊姆眼見愛子受辱，帶著特洛伊最好的財寶駕車來找阿基里斯，他抱著阿基里斯的膝蓋，請求他可憐死者與哀傷的老父，讓死者下葬，此舉感動了阿基里斯。他讓普萊姆領回屍體，葬禮總共舉辦了九天九夜，普萊姆悲痛地把愛子的屍體放在火堆上燒成骨灰。

木馬屠城記：特洛伊的淪亡

赫克特死後，特洛伊人深知沒有勝算，因此相當憂傷，但是他們不知道阿基里斯心中也藏著祕密。泰緹絲曾經告訴阿基里斯，赫克特死後，下一個死亡的就是他。

普萊姆國王哭求阿基里斯將赫克特的屍體歸還

即使如此，他還是毫不畏懼地上場戰鬥，最終被帕里斯暗算，用箭射向他腳踝（也有傳說是阿波羅指引帕里斯的箭射向阿基里斯的腳踝）。腳踝是阿基里斯唯一的弱點，阿基里斯血流不止，一代英雄就這樣撒手離世。

阿基里斯的死對希臘陣營投下了很大的震撼彈。十年了，他們圍著特洛伊十年，卻攻不下特洛伊，現在阿基里斯也死了，阿葛曼儂心知再攻不下特洛伊，士兵們總有一天會拋棄他們返回故鄉。而且特洛伊的城牆非常堅固，經過十年竟然一點損傷也沒有，再這樣下去戰爭可能永遠也不會結束。

這時候，老奸巨滑的奧德修斯獻計，他說與其以武力進攻，不如智取，他建議統帥阿葛曼儂祕密打造一座高大但中空的木馬，裡面可以裝進滿滿的士兵，他把許多重要人物包含自己都藏在木馬中，然後讓所有希臘人都躲在附近的島嶼上，讓特洛伊人以為他們退兵了。並故意安排一個希臘人西諾躲在木馬附近。

當天早上，特洛伊人看見希臘人都撤退了，外面只留下一個巨大

特洛伊木馬

的木馬，百思不得其解，他們派人前往查看，此時奧德修斯安排好的間諜西諾出場，他故意被特洛伊人抓回城中，向普萊姆說，雅典娜欲懲罰希臘人毀壞她的神像，便要求希臘人建立一座大木馬贏回她的歡心，並選擇他作為祭品。他不願意所以逃走了，也不想再做希臘人，而且希臘人覺得沒有勝算，決定回家了，特洛伊贏得了最後的勝利。

特洛伊人以為希臘已經退兵，開心的將木馬拉進城中

普萊姆的女兒卡珊德拉擁有預知的本領，她告訴父親這是陷阱，但沒有人相信她。特洛伊人堅信自己已取得最後的勝利，全城歡欣鼓舞，將西諾視為同鄉，歡迎他成為特洛伊人。就這樣，他們把龐大的木馬拖進城中，讓特洛伊人民欣賞這得來不易的勝利。

當天晚上，特洛伊人在勝利的美夢中沉沉睡去，奧德修斯就率領眾人從木馬裡出來，在特洛伊城內到處放火，在附近島嶼藏匿的希臘人見到信號，立即開船返回特洛伊，奧德修斯替他們打開特洛伊的大門，就開始屠殺特洛伊的百姓。特洛伊人沒有準備，被殺得措手不及，還沒開始戰鬥就被殺死了。

天亮了，特洛伊陷於一片火海中，女俘虜們大聲哭泣，感嘆她們的命運。城中的男子皆被殺死，只剩下她們將被運到希臘各城邦做女奴。皇后赫庫巴的淒厲哀嚎聲在火焰燃燒的廢墟中迴響，連神明都為之動容。

就這樣，當時最繁華的大城——特洛伊，就此毀滅。

神明的立場 在特洛伊與希臘的戰爭中，奧林帕斯的諸神也分為兩派

神明	立場	原因
宙斯	中立（偷偷偏袒特洛伊）	宙斯暗中偏袒特洛伊人，但大多數時間都只能選擇中立，不能插手。
阿芙蘿黛蒂	特洛伊	帕里斯在選美中選了她，且她的兒子伊尼亞斯是特洛伊陣營的。
阿利斯	特洛伊	原本偏好希臘人的阿利斯，因為愛與美之神的勾引而轉變立場。
希拉	希臘	帕里斯於選美中沒有選擇她。
雅典娜	希臘	帕里斯於選美中沒有選擇她。
波賽頓	希臘	希臘人愛航海，因此海神偏袒他們。
阿波羅	特洛伊	阿波羅特別欣賞赫克特，因此站在特洛伊人這邊。
阿緹密絲	特洛伊	與孿生弟弟阿波羅想法相同。

特洛伊王室簡易族譜

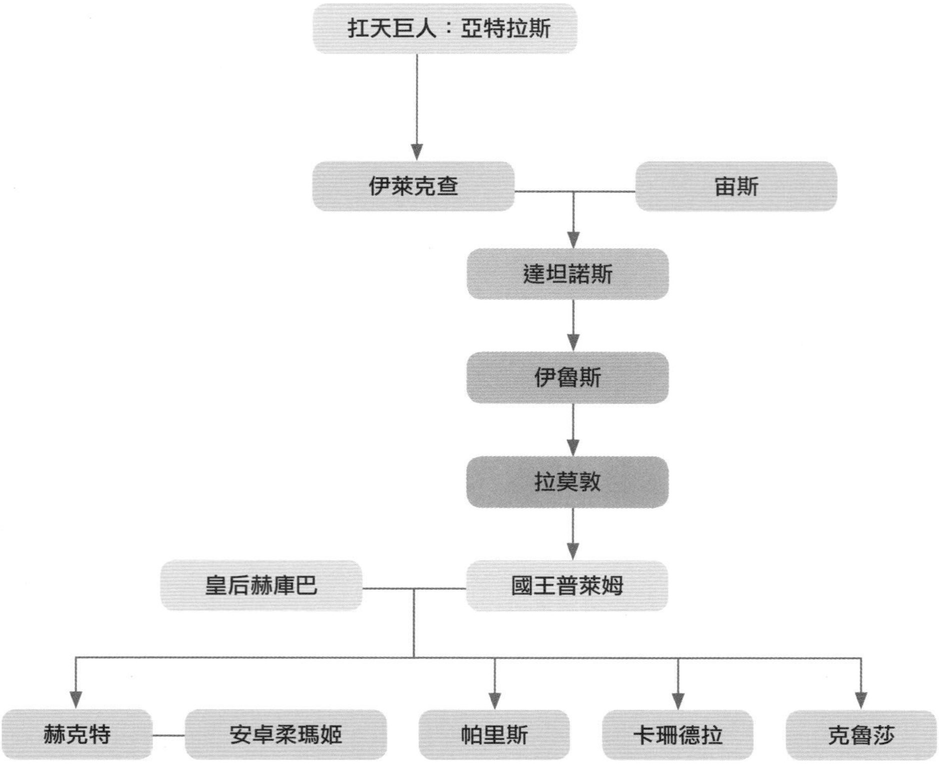

《奧德賽》：十年的漂流旅程

導讀：

《奧德賽》是荷馬所寫的史詩，與《伊里亞德》並稱為史上最偉大的兩部史詩。荷馬於《奧德賽》中交代了特洛伊的淪亡與贏得勝利的眾英雄下場，尤其集中在主角奧德修斯上。在特洛伊戰爭中，以詭計贏得勝利的奧德修斯，因為得罪神明，展開了一段長達十年的艱苦返鄉路程，其中遇到了不少可怕的怪獸與大麻煩，連老奸巨滑的奧德修斯都無法化解，是一部相當精采的冒險故事。

奧德修斯

出場人物：

奧德修斯：史詩的主角，在結束特洛伊戰爭後，經歷一連串冒險回到家鄉。

潘妮洛普：奧德修斯的妻子，因為奧德修斯二十年（十年征伐，十年漂流）未返家，被視為寡婦。

泰勒馬丘斯：奧德修斯與潘妮洛普的兒子。

女巫瑟西：以幻術出名的可怕女巫，但在此幫助奧德修斯返家。

泰瑞席爾斯：被喻為希臘最偉大的先知，死後在陰曹地府時，奧德修斯還請他幫忙指路。

米涅勞斯：天下第一美人海倫的丈夫，特洛伊戰爭後與海倫回到斯巴達。

阿伊歐勒氏：風王，可以隨心所欲地控制風。

獨眼巨人：海神波賽頓的兒子，因為找奧德修斯麻煩，結果被戳瞎眼睛。

卡莉普索：一名女仙子，因為愛上奧德修斯，將他軟禁了數年。

神明的懲罰

特洛伊戰敗後，希臘的將領帶著滿滿戰利品，各自率領艦隊返

美麗的伊薩卡是奧德修斯的故鄉

鄉，但他們在攻陷特洛伊的時候有些作了許多不名譽的事情，有些得意忘形，結果忘了向神明致敬，這些人最後都受到神明的懲罰，許多人於海難中死亡，或是損失了所有船隻與財富，奧德修斯並沒有死，但他是其中受到懲罰時間最長的一位。

在離開特洛伊後，他的家人再也沒有他的消息，他離開家鄉二十年了，離開的時候孩子還是個嬰兒，現在兒子泰勒馬丘斯都二十歲了，丈夫沒有返家，大家都認定奧德修斯的妻子潘妮洛普已經是一名寡婦，家中擠滿了追求者。奧德修斯擁有許多財富，現在都歸他妻子所有，許多想不勞而獲的人擠滿了奧德修斯的家，一百零八個美其名為追求者、實際上是想謀奪家產的無賴，每天都在向潘妮洛普求婚。

潘妮洛普自然不答應，她堅信丈夫還活著，她與泰勒馬丘斯都是這樣認為的，所以堅持不肯嫁給任何人。但是這些求婚者不肯離去，他們把奧德修斯的家當成自已的家，大吃大喝，甚至使喚傭人，他們宣稱直到潘妮洛普選定丈夫後他們才會離去。

沒有人出來說句公道話，奧德

修斯的父親已經老了，無法抵抗外來者，泰勒馬丘斯也只是小夥子，血氣方剛但是沒有能力對抗這麼多追求者。眼看家裡的存糧耗盡，奧德修斯還是一點消息都沒有，潘妮洛普也只能苦等。

雅典娜顯靈

雅典娜一直是奧德修斯的擁護者，她慫恿泰勒馬丘斯前往尋找自己的父親。在特洛伊淪亡時，許多希臘人不小心得罪了雅典娜。

據說特洛伊公主卡珊德拉抱著雅典娜女神的神像祈求庇護，結果希臘人根本不在乎雅典娜，直接對卡珊德拉施暴，這點惹火了雅典娜。她讓海神波賽頓於大海上激起大浪，打翻不少希臘人的船隻，也將奧德修斯的船打離航道，但是她的怒氣消失得很快，她想起奧德修斯如此足智多謀，相當佩服他，於是氣消後又轉身幫助這可憐人。

她也很喜歡奧德修斯的兒子，泰勒馬丘斯的個性與奧德修斯不同，他比較老實與牢靠，雅典娜希望泰勒馬丘斯可以暫時脫離所謂的追求者，以免與他們發生衝突產生意外，同時一邊請希臘眾神幫助奧德修斯返鄉。

她假扮成男子去找泰勒馬丘斯，告訴他可能知道父親下落的是一同出征的奈斯特與米涅勞斯，說完就消失不見了。泰勒馬丘斯深知這是神明顯靈，於是立即準備船隻出海，他向大家要求船與水手，結果沒人願意給他。於是他向雅典娜祈禱，希望好心的女神可以助他一臂之力，女神答應了，化身為水手，備妥一艘船與他一同出海，他們先前往尋找奈斯特，結果此行毫無收穫。

奈斯特不清楚奧德修斯的下落，事實上，自從在戰場上分離後，他們再也沒有見過面，且他們並未一起離開特洛伊。不過他認為米涅勞斯可能知道奧德修斯的下落，當年米涅勞斯離開特洛伊後，他的船就被暴風吹到埃及，也是花了一番功夫才回到斯巴達。

父親的老友替泰勒馬丘斯準備馬車，並讓自己的兒子帶路到米涅勞斯的住處，雅典娜化身的水手就在船上等待泰勒馬丘斯。

米涅勞斯竭誠招待他們，兩位許久不見的故人之子突然造訪，讓他驚喜不已。米涅勞斯提供豐富的食物及好酒給他們，但泰勒馬丘斯只急著想知道父親下落，米涅勞斯果然聽過關於奧德修斯的落腳處。

米涅勞斯說他曾經遇到一個怪獸，叫普羅投斯，牠可以任意轉換身形，要不斷地抓住牠，不論牠變成什麼都不放手，這樣普羅投斯就會告訴你任何想知道的答案。結果抓牠的過程可怕極了，牠一下變成獅子，一下變成龍，有時還變成其他猛獸，但是泰勒馬丘斯根本不敢放手，就這樣糾纏了它好些日子。終於普羅投斯放棄了，說奧德修斯被一個叫作卡莉普索的女神困在小島上，雖然他非常想回家，但是卡莉普索愛上了他，不願讓他返家，將他軟禁在小島上。

卡莉普索的小島

兩個年輕人回到奈斯特的居所，泰勒馬丘斯發現自己什麼也不能做，根本幫不上忙，於是女神化身成的水手勸他先行返家，回到家再作打算。

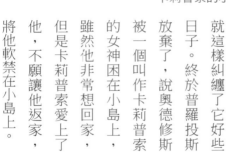

此時雅典娜變回原本的身分，飛回奧林帕斯請她的父親宙斯幫忙。宙斯命令使神漢密斯去卡莉普索的小島，讓卡莉普索給予奧德修斯自由。

卡莉普索自然不願意，她愛上奧德修斯，卻苦苦得不到回報，她好心救起他，救活他的命，卻要讓奧德修斯回家跟他的妻子重逢，然後孤單的卡莉普索呢？一個人在島上哭泣嗎？但漢密斯的命令她不敢不聽，於是她氣沖沖地跟奧德修斯說要放他回家，但她沒有船也沒有水手，奧德修斯得自己想辦法，奧德修斯歡喜地自己打造了一艘小船，很快就啟航了。

他在海上平安行駛了十幾天，每天都風平浪靜，他以為這是神明原諒他的徵兆，眼睛都不敢闔，日夜趕路，只想趕快回到妻子身邊。結果波賽頓剛好看見他，海神還在記他的仇（詳見下頁奧德修斯的旅程表），不想那麼輕易放過他，於是掀起大浪，將船打翻，大風大雨不斷吹向他，波賽頓心滿意足離開後，留下奧德修斯在海中載浮載沉，雅典娜偷偷的前來幫助他，讓海浪變得平穩，但奧德修斯還是游了幾天幾夜才到岸上。他原本應該被淹死的，但是有一名海精靈，她好心提供奧德修斯一個面罩，讓他在海裡不會受到傷害，他才終於成功上岸，但他也沒有多餘的體力了，只能讓疲倦爬上他的眼睛，沉沉睡去。

等他醒來後，身邊多了一位漂亮小姑娘，她詢問旅人的身分為何，奧德修斯說他是可憐的受難者，於是姑娘告訴奧德修斯，這裡是懷阿克亞王國，大家都對旅人非常友善，大路上最大最豪華的那一間房子就是她的家，只要前去敲門，國王就會讓你進入並好生款待。小姑娘說自己叫瑙西卡，是島上的公主。

奧德修斯休息完畢就往島上走，果然有一棟非常豪華漂亮的房子，如宮殿般華麗。於是他大膽敲門，告訴裡面的人他遇到海難，被浪打上岸，是個可憐人，希望得到他們的幫助，果然，國王立刻將他帶入宮中，並給予他一間房休息。

大家都好奇奧德修斯的故事，他的臉是如此滄桑，想必經歷許多磨難，能經過這麼多困難又能大難不死，一定不是凡人，是個大英雄。但是這一切都要等到大英雄明早醒來，才能向他們訴說不凡的偉大故事。

長達十年的漂流

第二天早上，經過一夜休息，奧德修斯感到精神好極了，不斷向國王道謝，慷慨的國王卻只要求奧德修斯說故事作為回報，於是奧德修斯娓娓道來這十年來的海上漂流記。

離開特洛伊後，他的船在海上漂了九天，接著就遇上一連串不幸事件。

奧德修斯的旅程

順序	地點	過程	結果
第一站	食蓮者的國度	在靠近北非地方，有著這樣一個國家，遍地長滿一種像是蓮花般的美麗花朵，不僅美麗且非常美味，但吃下後竟會將所有過往都忘光光，水手們不記得從何而來，將來要去哪裡，一心只想留在這裡。	奧德修斯將所有水手拖回船上綁起來，他們根本不想走，哭哭鬧鬧說要留下來，永遠吃好吃的花朵，一點煩惱也沒有。
第二站	獨眼巨人波利菲莫斯	奧德修斯與水手上島補充淡水與糧食，卻被可怕的獨眼巨人困住，想將他們一個個吃掉。他將水手們關在洞穴中，用大石頭擋住去路，如果他們不移開大石頭，就會被獨眼巨人吃光，如果殺死獨眼巨人，就無法移開大石頭，所有人都會在洞穴中餓死。	奧德修斯使用詭計戳瞎獨眼巨人的眼睛，然後將水手們藏在羊群身體下，當獨眼巨人推開大石頭讓羊群出外吃草食，他們就跟著混出去，除了幾名已經被獨眼巨人殺死的手下之外，其他人都平安逃回來了。但奧德修斯得意忘形，告訴獨眼巨人他是奧德修斯，結果惹得獨眼巨人的父親海神波賽頓不高興，因此引發後面一連串波折。
第三站	風王阿伊歐勒氏	離開獨眼巨人的島嶼後，他們來到風王統領的小島，風王對他們非常好，給了奧德修斯一個裝滿風的袋子，裡面有各式各樣的風，當海上無風無浪船隻無法前進時，就可以拿出袋裡的風作為加速航行之用。	這原本是一個很棒的禮物，但是奧德修斯的水手們以為風王給了奧德修斯很多珍貴的珠寶，所以他們偷偷把袋子打開來看，結果袋子裡所有風全跑了出來，船隻受不了這樣的大風大浪就瓦解了。
第四站	食人巨人	沒有沉船的船隻也受到損害，於是他們挑了最近的小島暫停修理船隻。沒想到島上住的是會食人的凶狠巨人。	剛靠岸的船隻全被巨人搗毀，水手們被巨人吃掉了。唯有一艘航行得比較慢，還沒有入港，看到這樣的情形便趕快逃跑。
第五站	奇幻之島愛亞亞	愛亞亞是女巫瑟西住的地方，她擅長施展幻術，奧德修斯一行人不知道這島嶼的可怕，逃離食人巨人後就趕緊來到下一個看似安全的地方，沒想到遇到女巫瑟西。瑟西將他的手下都變成豬，幸有一名水手很聰明沒有進屋，他躲在屋外，看到所有發生經過，於是趕緊跑回來報告奧德修斯。	奧德修斯對於巫術這種東西感到相當陌生，即使他足智多謀，也沒有辦法破解女巫的巫術。幸好使神漢密斯前來相助，他給了奧德修斯一種草藥，喝了之後就不會受到女巫魔法的影響，結果女巫對他施法，他果然沒有受到影響，女巫因此愛上了他，決心助他返家。
第六站	陰間	瑟西使用她的巫術幫助奧德修斯，發現他們非得到陰間去詢問先知泰瑞席爾斯，才能夠得知返家的路。於是一行人前往陰曹地府並且殺了一頭羊，將血倒在河中，果然亡魂都來喝血。	他們順利找到了先知泰瑞席爾斯，他告訴奧德修斯該如何返家，該注意哪些危險，但是他同時也告訴奧德修斯，你的苦難還很長，返家的路程會比你想像的還要艱難。
第七站	賽壬的島嶼	女巫瑟西知道他們會經過賽壬的島嶼，這些金嗓女妖會用無比甜美的嗓子吸引水手前往，再將他們活活餓死，因此警告他們必須要避開這些可怕的生物。	奧德修斯命令水手們往耳朵裡頭灌上蠟，這樣就聽不到外界的聲音，但是他自己卻好奇賽壬的嗓音，於是吩咐水手們將他牢牢綁在船柱上，這樣才不會失去控制。最後他們安然通過。
第八站	女妖斯庫拉與卡律布狄斯	女妖斯庫拉是非常恐怖的女妖怪，她與卡律布狄斯在一個非常狹窄的海峽兩邊，若是他們靠近女妖斯庫拉，就會被斯庫拉殺死。反之靠近卡律布狄斯，就會被捲入海中，這是兩難的抉擇，如果選錯邊，所有船員都會死去。	奧德修斯事先得到瑟西的警告，瑟西告訴他不得已一定得經過此地才能返家的話，應該傾向女妖斯庫拉的一邊。奧德修斯照做了，但還是死傷慘重，他總共損失六個人，他們都被水怪活活吞掉了。
第九站	太陽島	太陽島原本不是危險的島嶼，島上有太陽神的神殿，奧德修斯到神殿中祈福，結果水手們憨憨笨笨地殺死了太陽神的聖牛，太陽神大怒，將他們全部殺死了。	奧德修斯喪失了所有船員與船隻，除了他以外，所有人一出海就淹死了。他只得一個人在海上漂流幾天幾夜，最後被浪打上卡莉普索的小島。
第十站	卡莉普索的小島	卡莉普索看到英俊的奧德修斯不禁愛上了他，但是奧德修斯卻心繫潘妮洛普，結果被軟禁在小島上不能離開。	女神雅典娜請宙斯幫忙，讓卡莉普索放過奧德修斯，並讓他返家，奧德修斯才得以離開卡莉普索的小島，踏上返家之路。

聽完奧德修斯的故事，聽眾個個為之著迷，他們深感同情。國王告訴奧德修斯他會準備許多金銀珠寶與船隻讓他帶回伊薩卡。奧德修斯感激得眼淚都流出來了，他向慷慨的主人道別，便踏上返鄉之旅，

奧德修斯與獨眼巨人

雖然中間還是發生了點小插曲，不過終究還是平安回到伊薩卡。原來那些水手垂涎他的財寶，趁他睡著時將他丟到岸上去，帶著滿船的金銀珠寶溜走了。

但奧德修斯不介意，他朝思暮想的只有回家。

他歡喜地正打算回家，此時女神雅典娜顯靈，告訴他家中還有一百零八位追求者。女神說奧德修斯離家後一去不返，這些人全都想要分他的財產、娶他的妻子，奧德修斯感謝女神的提醒，並苦心想著除去這些求婚者的計謀。

這時泰勒馬丘斯回到了伊薩卡，他才剛到岸邊，雅典娜變身的水手就告訴他先不要回家，先去打聽他不在家時，發生的事情後再作定奪。因此他先前往牧豬人的家，剛好奧德修斯也化妝成又老又醜的乞丐去牧豬人家中，雅典娜讓他們父子相認，兩人感動得不得了，相擁而泣。

此時，潘妮洛普的處境更悽慘了，丈夫不在身邊，兒子也離開了，她假裝要編織公公的壽衣，等到壽衣編織完成才要嫁人，所以她每天白天織、晚上拆，但這計謀被求婚者發現了，潘妮洛普的侍女竟然向他們告密，他們變得更沒耐心，一心只想逼潘妮洛普選出新的丈夫。

奧德修斯化妝成老人來到家中時，情形大致如此，他先試探他的妻子，確定潘妮洛普還是忠貞的妻子，並且深愛著他，接著就打算大開殺戒。

正好潘妮洛普因為灰心，對所

有求婚者宣布，只要誰能拉動奧德修斯留下的弓，射穿十二個環，她就嫁給誰。所有求婚者都躍躍欲試，但是沒有人拉得動弓，這時候化妝成老頭的奧德修斯來到弓箭前表示希望可以嘗試，所有的求婚者都嘲笑他，不過潘妮洛普將弓箭交到老頭手中時，他輕輕鬆鬆拉滿了弓，眼前的求婚者都還沒反應過來，就全被奧德修斯拿箭射死了。箭射完就改用長矛，將一百零八個求婚者一個個殺死，最後只剩下兩名，一個是祭司，一個是吟遊詩人，奧德修斯殺了祭司放了吟遊詩人，他不敢殺有靈感的人才，於是饒了他的性命。

這時奧德修斯終於以真面目示人，他拿掉自己的偽裝，與潘妮洛普相認，離家二十年的丈夫終於返家，潘妮洛普不敢相信自己的眼睛，激動得近乎昏厥，直到發現這不是夢境而是真實的，一家三口終於團圓了。

潘妮洛普白天織布晚上拆，結果被求婚者識破

奧德修斯關係圖

- 父親 拉特斯
- 母親 安緹克莉亞
- 妻子 潘妮洛普
- 兒子 泰勒馬丘斯

希臘史上三次最大的冒險旅程

名稱	事由	結果
《奧德賽》	從特洛伊戰爭結束後返家	遇到無數災難與困難，損失了所有水手與船隻，甚至到陰間去見了先知，花了十年才返家。
《尋找金羊毛》	尋找寶物金羊毛	與一群被稱為阿爾戈號勇士的水手們航向科奇斯，經歷過無數冒險後平安返家。
《伊尼亞德記》	尋找新的家園	遇到許多危險，最後經過非洲繞過義大利南部來到拉丁姆，後代最後建立了羅馬帝國。

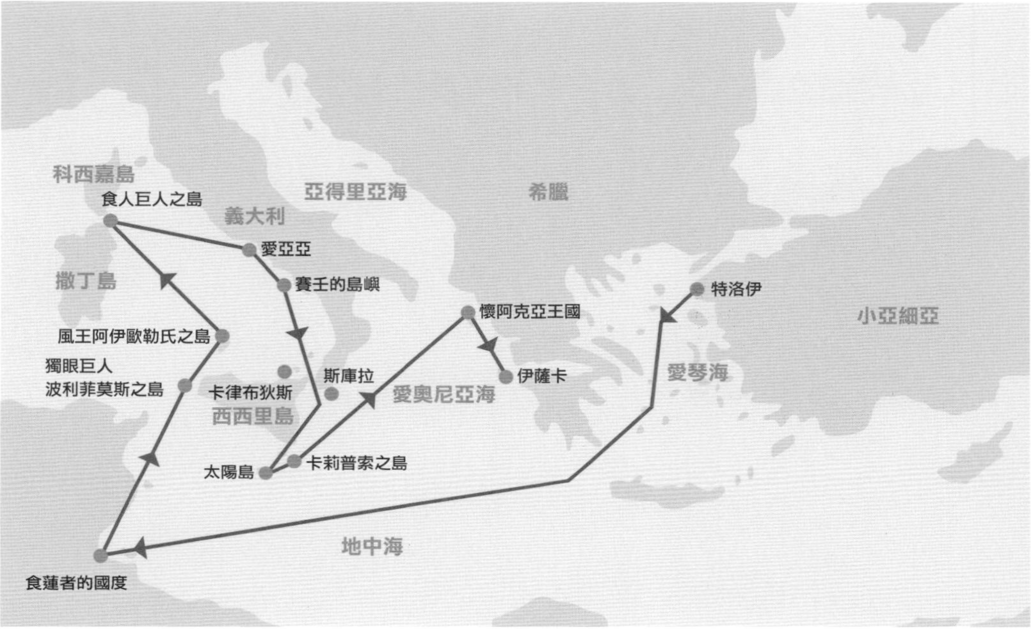

奧德賽航程路線圖

女巫瑟西向奧德修斯敬酒

求婚者全被奧德修斯給殺死

《伊尼亞德記》：羅馬民族的祖先

導讀

《伊尼亞德記》是拉丁詩人維吉爾的作品，完成於西元前一世紀，總共十二卷，描述伊尼亞斯在特洛伊淪亡後，帶著僅存的生還者努力求生的故事。他們想要找到一個新地方另立城邦，卻總是不順利，最後神明引領他們飄洋過海來到義大利，成為羅馬帝國的祖先。

伊尼亞斯

出場人物

伊尼亞斯：史詩主角，為特洛伊鄰國達坦尼亞的王子，加入特洛伊陣營。他帶領倖存的特洛伊人前往新國度避難，其中經歷千辛萬苦，終於找到應許之地。

蒂朵：迦太基女王，深深愛著伊尼亞斯，最後卻因為得不到伊尼亞斯的心而自殺，下場相當淒涼。

海倫諾斯：一位先知，史詩中描述他是普萊姆的兒子之一，後來在特洛伊淪亡後娶了赫克特的遺孀，並創立了一個新的城邦。

拉丁諾斯：伊尼亞斯的岳父，拉丁姆王國的國王，因為想將女兒嫁給伊尼亞斯，結果引發了一連串的血腥戰役。

圖諾斯：因為垂涎拉維妮亞的美色，欲討她為妻，國王卻想將拉維妮亞嫁給伊尼亞斯，因此進攻拉丁姆。

拉維妮亞：伊尼亞斯未來的妻子，也是拉丁諾斯的女兒，由於希拉的煽動，險些無法順利嫁給伊尼亞斯。

女巫西碧兒：懂得巫術，帶伊尼亞斯進入陰間，伊尼亞斯才得以知道未來的旅程。

安齊西斯：伊尼亞斯的父親，在特洛伊淪亡的當天與伊尼亞斯一同逃出特洛伊，卻在找尋應許之地的路上死亡。

逃離特洛伊

特洛伊人以為他們取得了最後勝利，高大的木馬就是他們的戰利品，希臘人已經撤退，他們可以開心慶祝，開懷暢飲。

但伊尼亞斯卻在睡夢中被噪音驚醒，看到外面一片熊熊火海，城裡到處都是希臘人，他們燒殺擄掠，到處橫行，他本想反抗，但知道無法力敵。而且在赫克特死亡後他就大概知道會有這樣的結局，他夢到赫克特的鬼魂來找他，告訴他如果特洛伊淪陷了，有一條祕密通道可以逃走，希臘人不知道這個密道，非常隱密，希望伊尼亞斯可以帶領倖存的特洛伊人逃走。

這時候他的母親愛與美之神阿芙蘿黛蒂現身，告訴他特洛伊淪陷了，叫他趕緊帶著家人逃走，他背起老父，手牽兒子，在人潮中卻與妻子被沖散了，他先將父親與兒子藏在城外，再回來找妻子。

然而，他的妻子已經被殺死，她的靈魂回來告訴他，趕緊離開特洛伊，找一個新地方定居，永遠都不要回來，註定有更大的使命在等著他。

諸神袖手旁觀，希臘人如屠城般殘殺每一個人，國王普萊姆已經死了，皇后赫庫巴的淒厲叫聲令人戰慄。若非阿芙蘿黛蒂幫助，伊尼亞斯本來也難以脫逃。

眼見這裡已經沒有希望了，他們哭泣著向特洛伊道別，剩餘的人都跟著伊尼亞斯，但他也不知道該何去何從。他們上了船，希望可以找到新的應許之地，卻不斷遇到許多困難，似乎神明還在找他們麻煩一樣。

原先他們航至克里特島，要在克里特島上建立城市，島上卻發生可怕的瘟疫，逼得他們不得不離開，他們接著航至斯特羅法德斯島，遇到了可怕的哈琵女妖。她們有銅爪，個性兇猛，將他們無情地

伊尼亞斯帶著父親、妻子與幼子逃離特洛伊

趕走。

幸好在下一站布特羅特烏姆，他們遇到了盟友——先知海倫諾斯，他娶了赫克特的遺孀安卓柔瑪姬，他們見到伊尼亞斯與其他特洛伊人，高興極了，雙方相擁而泣，海倫諾斯大擺宴席招待他們，還讓特洛伊人補充糧食，但最重要的是海倫諾斯的預言對他們幫助頗大。

海倫諾斯說一定要找到庫邁的女巫西碧兒，她會幫助他們。他還警告他們關於路途上的許多危險，叮囑他們一定要避開義大利才能安然到達新的領土。

獨眼巨人的島嶼

雙方依依不捨地分開了，伊尼亞斯與特洛伊人再度踏上冒險之旅，他們繞過義大利，心想照著先知所說的路線準沒錯，卻不小心遇到了新的災難。原來他們正好停泊在獨眼巨人的島嶼上，幸好才剛停船，就有一個髒兮兮彷彿原始人的人大聲呼救，跑到他們的船旁邊，叫這些特洛伊人不要在這邊登陸，這島上都是可怕的巨人。原來，他是奧德修斯的手下，他們當年困在獨眼巨人的洞穴中時，其他人順利逃脫，卻忘了他，於是他每天在這個島上躲躲藏藏，活在恐懼中。

島上共有一百個巨人，每個都高大又嚇人。特洛伊人趕緊將船開走，船才剛下水，就看見瞎眼的巨人走向岸邊，用海水清洗他的眼睛，鮮血淋漓好不恐怖。特洛伊人趕緊加速划船離去，獨眼巨人聽到划槳聲，衝進海中想抓住他們，但特洛伊人已經划得很遠了，獨眼巨人只能作罷，大嘆少了豐盛的一餐。

先知海倫諾斯並非全能，他沒有預知到獨眼巨人的島嶼，也沒有告訴他們接下來的暴風雨。他們剛離開獨眼巨人的小島，就出現一陣可怕的暴風雨，前一刻還是風平浪靜，下一刻天色就完全變調，原來這是希拉干預的結果。

希拉還在氣憤帕里斯沒有把金蘋果頒給她，為此仇恨所有特洛伊人，加上她最愛的城市迦太基之後將被伊尼亞斯所創立的城邦給摧毀，讓她有了更多阻止伊尼亞斯成功建立城邦的理由。

希拉賄賂風王阿伊歐勒氏，表示願意獻上某位他愛慕的寧芙當作禮物，阿伊歐勒氏畏懼希拉的權勢，沒有收下賄賂，但表示願意為希拉效力。他打開裝滿風的袋子，把可怕的暴風拿出來，就這樣，原本平靜的海面，浪頭瞬間變得與天一樣高，特洛伊人嚇得不知如何是好，眼看就要沉船。

此時波賽頓經過，看到發生的一切，他馬上停止暴風，讓海面變得平靜，他可是堂堂海神，沒有人可以干預大海上發生的事情而不經過他，即便他並不是特洛伊人的朋友，但希拉此舉根本是向他挑戰。他不想與姊妹撕破臉，於是他假裝不知道這是希拉所指使，只是讓風王將風袋束緊。特洛伊人眼見風平浪靜，趕緊把握機會停泊在非洲北部，他們一路從義大利南方被颳到非洲北部，可見暴風雨的威力有多驚人。

風王阿伊歐勒氏的風袋

迦太基女王

特洛伊人上岸的地方離迦太基很近，希拉動了動腦筋，感覺可以利用這件事情，沒想到阿芙蘿黛蒂也在觀望，兩位女神心中所想的是相同事情，只不過為了不同目的。迦太基的女王蒂朵是個美人，且是寡婦，迦太基在她的統治下逐漸壯大，而伊尼亞斯在逃走時喪失了妻子，希拉認為若是可以讓伊尼亞斯愛上蒂朵，並娶蒂朵為妻，偉大的旅程就會在此地終結，伊尼亞斯會成為迦太基的國王，這樣一來，迦太基就不會被摧毀了。

阿芙蘿黛蒂想的也是同樣事情，蒂朵有可能傷害伊尼亞斯，但若是讓蒂朵深深愛上伊尼亞斯，或許，她還反而可以幫助伊尼亞斯，但是她得確保自己的兒子不會用情太深，在必要的時候還可以繼續他們的旅程。

於是阿芙蘿黛蒂為了確保這件事情會成功，特地跑去找宙斯幫忙，還故意打扮得漂漂亮亮，一見宙斯就氣憤地指責他，她大罵宙斯，卻越說越委屈，眼裡充滿淚水，看起來可憐極了，她跟宙斯說她的兒子這下要完蛋了，宙斯一定要幫助他們。

宙斯耐不住阿芙蘿黛蒂的請求，於是保證伊尼亞斯日後一定會建立一個偉大的城邦。這下阿芙蘿黛蒂可開心了，她去找她的兒子小愛神愛羅斯，叫愛羅斯去凡間搗亂，確保蒂朵會愛上伊尼亞斯，這樣她的計畫就能萬無一失。

能統領迦太基的蒂朵並不是普通女人，她以冰冷出名，許多國王垂涎她的美色，向她求婚都失敗，但有了愛羅斯，這下蒂朵一定會愛上伊尼亞斯。

伊尼亞斯這時剛上岸，阿芙蘿黛蒂即化身為女獵人，告訴他可以找迦太基的女王蒂朵幫忙，所以伊尼亞斯一行人就照著做。他們穿過市區直達皇宮，正想著不知該如何見到女王，沒想到女王剛好出巡，就遇上了伊尼亞斯。

雙方在見到對方第一眼的時候就產生傾慕之情，蒂朵的美貌可比阿緹密絲，而因為愛羅斯的影響，伊尼亞斯在蒂朵眼中的風采也直逼阿波羅。於是她設下盛大的宴席，款待這些來自異鄉的賓客。

伊尼亞斯款款道來他們的遭遇，從特洛伊的失守、被屠城，再到他們多災多難的旅程，其實伊尼亞斯本身口才甚佳，貴族出生的他談吐不凡，或許沒有愛羅斯的幫助，蒂朵也會愛上他。但愛羅斯在蒂朵的心中射了一箭，她根本毫無選擇。

在迦太基的日子愉快極了，蒂朵對伊尼亞斯相當友善，相戀中的愛人不分彼此，她將統領迦太基的權力分給伊尼亞斯，讓特洛伊人們在城內享有一切。迦太基的人們也把伊尼亞斯當作統領者，認為他總有一天會當上國王，因此對他相當尊敬，就這樣伊尼亞斯漸漸淡忘了要離去的念頭，也忘記了自己偉大的使命與旅程。這就是希拉所計畫的，她信心滿滿地坐在奧林帕斯端看這一切，殊不知宙斯有別的打算。

宙斯知道伊尼亞斯忘記了自己的使命，於是命令漢密斯來到人間提醒伊尼亞斯。漢密斯來到人間時，伊尼亞斯身穿華麗的衣服，在皇宮中享福，大搖大擺的模樣讓漢密斯氣得對他大吼，叫他不要浪費時間，應該趕緊上路。

伊尼亞斯頓時清醒過來，他想起了亡妻與母親對他說過的話，還有海倫諾斯的指引。但他還是愛著蒂朵，不忍心傷害她，而且他也知道蒂朵深深愛著自己，有可能阻止他離去。若是女王下令不准他們離城，到時候一定會有血腥衝突，於是他決定偷偷離開迦太基。

但他的祕密策畫還是讓蒂朵發現了，她動之以情，希望伊尼亞斯可以看在過往情分上留下來，可是伊尼亞斯堅決表示自己應該離開。蒂朵哭訴，伊尼亞斯來到迦太基的時候一無所有，她給他華服、食物還有援助，甚至獻出自己的真心，為何卻只能獲得這樣的回報，蒂朵哽咽得說不下去，快步跑開了。

蒂朵之死

伊尼亞斯滿懷愧疚地趕緊與特洛伊人們離開了迦太基，船出航後，他們看見迦太基的城內燃起熊熊火焰，他不明究裡，其實那是蒂朵的葬禮。

因為蒂朵深深愛著伊尼亞斯，無法獨活，於是她讓自己的姊妹安娜準備好木柴與伊尼亞斯的劍，她躺在木柴上，一劍殺死了自己，命令安娜在她死後點燃火堆，讓她安息。她在臨死前怨地對特洛伊人下詛咒，讓伊尼亞斯的後人與迦太基永遠誓不兩立，最後造就了迦太基的毀滅，希拉所作的一切都是徒勞無功。

庫邁的女巫

接下來的旅程平靜了一段時間，先知海倫諾斯曾經吩咐他要去找庫邁的女巫西碧兒，她可以告訴他應該怎麼做才能找到應許之地。他照著海倫諾斯的指示找，果然找到了女巫，但是女巫本身不知道答案，她必須帶領伊尼亞斯到陰間去，才知道未來的路該怎麼走。這是一段可怕的旅程，女巫告訴他前往陰間需要絕大的勇氣，但是若他願意勇闖，女巫也願意與他同行。

首先伊尼亞斯必須在森林裡頭找到金樹枝，西碧兒告訴伊尼亞斯金樹枝相當重要，雖然當時他還不清楚金枝的作用。他與忠實的同伴一同在漆黑的樹林中認真尋找，但森林腹地如此廣大，他們只得耐心地不斷搜尋，這時他們看見了阿芙蘿黛蒂的聖鳥，鴿子飛森林中，他們跟著鴿子走，來到一座可怕的黑湖附近，看見鴿子飛上一棵樹，樹葉中隱隱約約透露出金光，於是他們走近查看，果然發現了金樹枝。

伊尼亞斯拔下金樹枝，帶回獻給女巫，於是就和女巫展開了可怕的陰間之行。

他們回到可怕的黑湖旁邊，女巫殺了四隻牛來祭祀巫術女神黑卡蒂，大地隆隆震動，情況可怕極了。女巫先進入洞穴，伊尼亞斯只得鼓起勇氣跟進去，他們來到一條充滿陰影的道路，兩邊都是可怕的惡靈，人世間最可怕的東西都在那邊，伊尼亞斯膽顫心驚地走過去，終於來到渡口，這就是冥河船夫查榮駕船的地方。他們不是死者，沒有正式下葬，因此沒有錢幣，照理來說渡夫不會載他們過河，但是西碧兒有金樹枝，所以船夫讓他們上了船。

這時，伊尼亞斯看見蒂朵的鬼魂，他頓時明白了，不禁流下淚水，他問蒂朵是否是為他而死的，但蒂朵一句話都不說，默默地就走開了。

伊尼亞斯隨著西碧兒深入陰間，終於找到他死去的父親，安齊西斯告訴兒子該如何建立未來的家園，並帶他來到忘川旁，他們看到好多人排在忘川旁邊等待飲用忘川水。安齊西斯告訴伊尼亞斯，這些都是之後打算投胎成羅馬人的靈魂。

父子深深相擁，彼此告別，伊尼亞斯與女巫回到凡間，第二天就打算沿著義大利北部航行，繼續尋找他們的家園。

希拉在蒂朵事件後並未放棄找伊尼亞斯的麻煩，伊尼亞斯後來航行到拉丁諾斯的國度拉丁姆，拉丁諾斯一直堅信他的女兒拉維妮亞會

庫邁的女巫西碧兒是法力強大的女巫

嫁給一個異鄉人，且他們的後代會建立偉大的城邦。所以當伊尼亞斯帶著特洛伊人來到這裡時，拉丁諾斯認為伊尼亞斯將會成為他的女婿，因此大設宴席款待他們，原本一切都會很順利的，但是希拉從地獄中召喚復仇女神來凡間製造戰爭。她煽動拉丁諾斯的妻子反對這樁親事，再慫恿拉維妮亞的追求者圖諾斯強娶拉維妮亞。

在這樣的情形下，戰爭一觸即發，復仇女神又讓特洛伊人不小心殺害了一隻美麗絕倫的鹿，鹿的主人堅持要復仇，結果外患進攻、內部人心動亂，拉丁諾斯的妻子又不斷反對的情況下，氣壞了的拉丁諾斯將自己關在宮中，誰也不見。

血腥的戰役

現在的情形對特洛伊人來說非常危險，唯一支持他們的國王目前不敢表態。他們要對抗多方敵人，根本不可能生還，特洛伊人感到絕望，他們走了那麼遠的路，眼看就要到盡頭了。

這時候河神托夢給伊尼亞斯，告訴他不要灰心，他會找到幫手的，請他不要放棄。於是第二天，伊尼亞斯留下特洛伊人拖延時間，交代他們絕對不要率先攻擊，一定要等他回來。

伊尼亞斯只帶了一兩個人手便匆匆出發，他的時間不多，他來到一條河旁，這邊住的人叫做愛曲利亞人，他們的國家曾經出現一個暴君，他殘忍地對待人民，害死了很多人，於是他們合力推翻了暴君，暴君卻沒有死，他逃到了圖諾斯的國度，現在成為那邊國王的輔佐。伊尼亞斯聽聞他們分享共同的敵人，於是請求愛曲利亞人幫助他們，愛曲利亞人自然同意，他們不想放過之前殘害他們的暴君，也為伊尼亞斯所說的故事深深感動，於是他們組成了強壯的聯盟回到拉丁姆。

此時，特洛伊人正在努力奮戰，即使他們都相當英勇，但是人數太少的緣故，前途相當不樂觀，已經被敵軍團團圍住，再也沒有希望了。

有兩個英勇的戰士，趁黑夜突破敵軍包圍，決定去尋找伊尼亞斯，請伊尼亞斯快回來協助。他們叫作尼修斯與尤理路，尼修斯是老練的戰士，可尤理路還是青少年，點子是尼修斯先想出來的，尤理路堅持相陪，他知道這一路相當危險，有可能兩個人都喪命，他堅持要陪同伴勇闖。

他們偷偷走向敵營，發現敵軍都在睡覺，於是他們成功溜出敵營，尤理路卻因為迷路被敵軍抓到了。他們想要殺死他，尼修斯看見尤理路與他失散，心裡相當焦急，循著原路回來找尋同伴，發現尤理路被抓住了。

這時候他只有兩條路可以選擇：單獨逃跑，保住性命，或是回去救同伴的命。但是他只有一個人，寡不敵眾可能也會跟尤理路一起被殺死，但他寧死也不願拋下同伴，於是衝向前去，大聲怒吼，但來不及了，尤理路已慘死劍下，尼修斯殺死了殺害尤理路的士兵，卻被眾多士兵包圍，自己也倒在血泊中。

此時伊尼亞斯帶著大軍回來，雙方展開激烈的戰鬥，死傷無數，血染紅了大地，慘不忍睹，雙方都死傷慘重。愛曲利亞成功殺死逃走的暴君復了仇，但是戰爭看來漫長永無止盡，伊尼亞斯不忍人民不斷地犧牲。

伊尼亞斯與圖諾斯決鬥，最後獲得勝利

於是他提議與圖諾斯單打獨鬥，兩人決鬥，輸的一方就撤退，大家都贊同，只要能結束戰爭，停止死傷，雙方都已經置自己的生死於度外。

之前的故事中很少描述伊尼亞斯的英勇事蹟，只說他長得俊俏，口才很好，氣質不凡，這些都是他從母親愛與美之神身上繼承的特點，《伊里亞德》中沒有提到他廝殺敵人的畫面，《伊尼亞德記》一開始也顯示他原本想戰鬥，卻突然想起家人，於是決定帶著家人逃亡，在這裡，或許是流亡讓他增加了歷練與勇氣，維吉爾將他描述為英勇的戰士，無堅不摧，圖諾斯根本不是他的對手，三兩下就敗下陣來，被伊尼亞斯殺死了。

殺死圖諾斯的伊尼亞斯終止了戰爭，他回到拉丁姆，向拉丁諾斯提親，表示想娶他的女兒為妻，拉丁諾斯笑咪咪地把女兒嫁給他，最終兩人後來生下的後代，建立了神聖偉大的羅馬帝國。

伊尼亞斯關係圖

關係	名字	備註
父親	安齊西斯	達坦尼亞的王子
母親	阿芙蘿黛蒂	愛與美之神
妻子（第一任）	克蕾莎	特洛伊國王普萊姆的女兒
妻子（第二任）	拉維妮亞	拉丁姆的公主
兒子	阿斯肯尼亞斯（Ascanius）	與第一任妻子所生
兒子	席維爾斯（Silvius）	與第二任妻子所生

伊尼亞斯的後代族譜

傳說伊尼亞斯與拉維妮亞的後代建立了偉大的羅馬帝國，長長的血脈一路由阿芙蘿黛蒂傳到凡人身上，這也是至今羅馬人都相信他們是神明後代的原因。

歷屆的統領者	備註
伊尼亞斯	伊尼亞斯娶了拉維妮亞後成了國王。
席維爾斯	在伊尼亞斯死後，阿斯肯尼亞斯創立了艾爾巴王朝，拉維妮亞帶著席維爾斯躲在森林中成長，孩子長大後奪走阿斯肯尼亞斯的王位成為新國王。
伊尼亞斯．席維爾斯	席維爾斯之子，也是他的繼承人。
拉丁諾斯．席維爾斯	第四位王國的繼承者。
艾爾巴．席維爾斯	拉丁諾斯的繼位者，據說總共統領王國三十九年。
愛提斯	艾爾巴之子。
卡皮斯	愛提斯之子，可能相當凶悍，因為卡皮斯的字義為兀鷹。
卡皮特斯	第八代繼承人。
臺比硫斯．席維爾斯	為第九代繼承人，以當地的一條河流臺比硫斯命名。
阿葛列巴	臺比硫斯．席維爾斯之子。
羅慕勒斯．席維爾斯	據說是位相當軟弱的君王，後來下落不明。
阿凡提諾斯	關於他生前的故事不多，只說死後被埋在以他命名的阿凡提諾山。
布洛卡斯	阿凡提諾斯之子。
奈米特	布洛卡斯的兒子。
瑞亞．席維亞	是一名女祭司，與戰神生下了一對雙胞胎。
羅慕勒斯與雷慕斯	就是這對雙胞胎兄弟頗受神恩，傳說他們創立了羅馬帝國，在神話中相當有名。

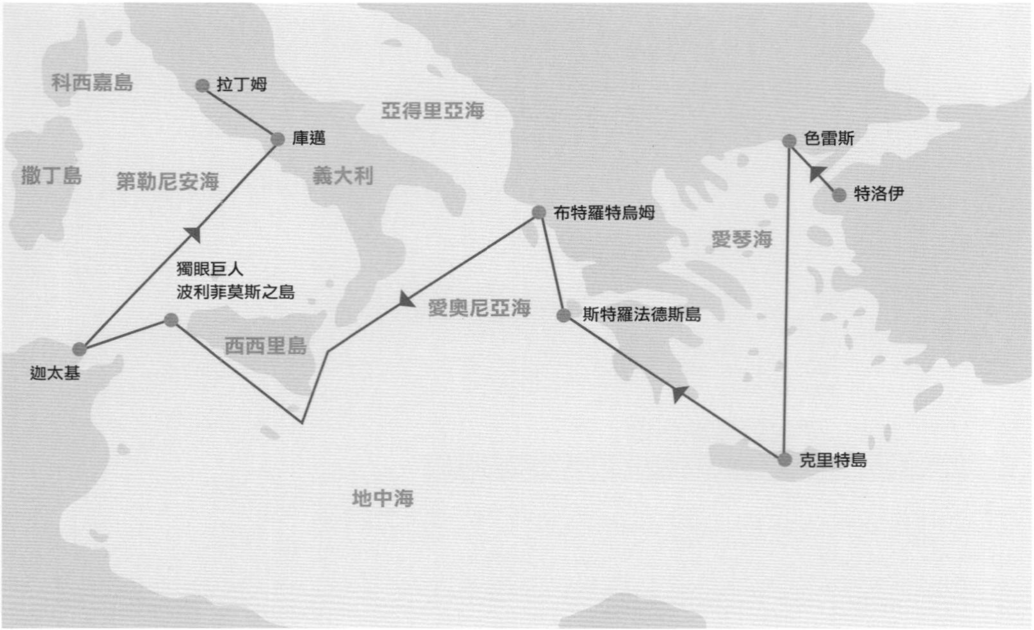

伊尼亞德記的旅程示意圖

蒂朵接見伊尼亞斯，被其外貌與悲慘故事打動

《奧雷斯提亞》：偉大的希臘悲劇

導讀

《奧雷斯提亞》是希臘悲劇詩人埃斯庫羅斯寫的三部曲，包含三個部分，一為阿葛曼儂，二是奠酒人，最後是慈悲女神。該作品被稱為埃斯庫羅斯最偉大的作品，描寫阿楚斯家族的詛咒與最後的結局。

阿葛曼儂的凱旋

故事由結束特洛伊戰爭，希臘眾英雄回鄉後開始說起，比起奧德修斯，阿葛曼儂則幸運很多，他載著滿船財富與戰利品回到家鄉，城邦裡的民眾歡慶他的歸來，但看似幸福的結局，卻是悲劇的開端。

出場人物

奧雷斯特：故事中的主角，為阿葛曼儂的小兒子。為報父仇而被復仇女神糾纏。

伊芙吉奈亞：阿葛曼儂的大女兒，被獻給了天神阿緹密絲。

伊萊克拉：阿葛曼儂的二女兒，曾經幫助弟弟奧雷斯特復仇。

克萊門奈絲查：阿葛曼儂的妻子，他無法忘懷丈夫殺死女兒的事件，因此勾引情夫一同殺死丈夫為女兒復仇。

阿葛曼儂：希臘攻打特洛伊的統帥，因為他，引發了一連串的復仇效應。

卡珊德拉：特洛伊公主，命運不斷糾結的她，最後死在克萊門奈絲查的斧下。

大戰後的腥風血雨

神明從不健忘，他們總是默默等待復仇時機，當阿緹密絲心愛的野兔連同幼子被希臘人殺死時，阿緹密絲要求統帥阿葛曼儂獻上自己的女兒，才願意讓希臘大軍順利出航攻打特洛伊。即使不捨，阿葛曼儂的野心還是遮蔽了父親的慈愛之心，也親手將女兒獻上祭壇，讓阿緹密絲帶走女兒。

戰爭打了十年，希臘人獲得最後的勝利，阿葛曼儂帶著滿滿的戰利品回家，身上戴滿飾品，華貴得同天神一般。人民歡喜他的歸來，向勝利者致敬，但人群中有人竊竊私語，他們說眼前的勝利者是用不光明的手段獲得，他欺騙自己的乖女兒，說要把她嫁給阿基里斯，結果等著出嫁的少女被當成祭品，這父親是多麼殘忍呀，而且還有別的祕密，他們甚至不敢提起。

但這又何妨？等阿葛曼儂回到自己家裡就會發現了，他不在家的時候家中發生了不名譽的事情。大家都知道阿楚斯家族流著被詛咒的血，沒有人可以善終，即使他成功從戰場上歸來，但一定有不好的事情會發生。

鎮民們不敢提，但大家都隱隱約約感到心中不安，阿葛曼儂不在的十幾年內，皇后克萊門奈絲查可沒有閒著。她在宮裡有了別的男人，讓阿葛曼儂戴綠帽子，大家都知道，可是眼看阿葛曼儂都回來了，為何克萊門奈絲查還不趕走情夫？

事實是，克萊門奈絲查從來沒有忘記過女兒，她最親愛的女兒，從她的子宮中孕育成長的女兒，被她的丈夫當作祭品。她精心策劃，沒有一刻不想著復仇。

她看見丈夫帶著面色奇怪的女子回到家中，於是上前擁抱他，告訴他自己有多懷念他，告訴阿葛曼儂，妻子對於丈夫的愛不曾減少過。

但阿葛曼儂僅冷冷回應了一聲，並吩咐克萊門奈絲查，他身邊的少女是特洛伊公主卡珊德拉，是他的戰利品，她應當好好照顧卡珊德拉。

眾人都在觀察這麼臉色蒼白的少女，聽說她是女先知，擁有預知的能力。

他們發現卡珊德拉臉上的奇異表情，上前詢問她究竟怎麼了？她卻尖叫不已，衝進屋子中。大家都嚇壞了，他們聽見卡珊德拉口中吐出她不可能知道的事情：她說起以前發生的事情，有人被殺害了，獻給天神，還有人會死去，包括她自己也會毀滅在這棟屋子中。

本來大家想阻止卡珊德拉進去阿葛曼儂的屋子，害怕她一進去就再也出不來，但是卡珊德拉不顧眾人阻止進入屋內。他們只得在門前守候。

結果屋內突然傳來男人的大叫聲，接著又是一片死寂，眾人正想破門而入，結果看見皇后克萊門奈絲查拿著斧頭，全身沾滿鮮血由房中走出，她輕鬆地告訴眾人，她殺死了阿葛曼儂，親手殺的，血染紅了她的頭髮、臉頰與衣服，看起來可怕極了。她趁丈夫沐浴的時候，拿斧頭殺死了阿葛曼儂。

就這樣，阿葛曼儂活過特洛伊戰爭，卻活不過自己妻子的復仇。旁邊站的是她的情夫，也是阿楚斯家族的後代，他們自以為是報仇，是理所當然的正義，就這樣殺死了阿葛曼儂，卻沒想到後果。

克萊門奈絲查手持斧頭站在門邊宣布她已殺死丈夫阿葛曼儂

殺父之仇不共戴天

阿葛曼儂有三個孩子，大女兒被獻給了阿緹密絲，二女兒叫作伊萊克拉，最小的是兒子，叫作奧雷斯特，母親殺死父親的時候他年紀還小，被寄養在父親朋友家裡。

殺父之仇不共戴天，奧雷斯特相當煩惱，殺死情夫理所當然，但若要報父仇而殺死母親，這究竟是正義還是弒母之罪？

於是煩惱的奧雷斯特前往戴爾菲神殿祈求神諭，痛苦不堪的他，希望真理之神能給他一個答案，結果阿波羅指示他——復仇吧。

奧雷斯特要求姊姊伊萊克拉作為內應，與他的朋友三人一同展開復仇計畫，他們先假裝傳出奧雷斯特已經死去的消息，讓情夫召見使者進宮詢問，結果，侍者是奧雷斯特與朋友假扮的，他們衝進宮中，殺死了情夫，這部分很順利，殺死情夫對於奧雷斯特沒有什麼困難處，但是殺死母親呢？

當奧雷斯特進宮見到母親時，克萊門奈絲查對他動之以情。她說，我是你的母親，我將你養大，呵護你、疼愛你，讓你長大。奧雷斯特動搖了，要不是朋友在旁邊提醒他天神阿波羅的神諭，他可能就此罷手。

他痛苦地殺死母親，大家一句話都不敢說，但是突然間，他看見了些什麼？他對著空氣大叫，他說他看見身穿黑袍、頭上長蛇的妖怪向他衝來，他不斷閃躲，四處揮舞著武器，但是大家什麼都沒看到。

他們不斷告訴奧雷斯特這是幻覺，但是他不肯相信，他說看到好可怕的生物，眼裡充滿鮮血，一定是克萊門奈絲查變來抓他的，因為他殺了自己的母親。就這樣，他逐漸憔悴，直到多年後，他流浪到雅典，這時候的奧雷斯特已經與以往不同了，他的眼窩凹陷，神情落寞，幾近瘋狂，可怕的復仇女神不斷追著他，要他贖罪。

雅典娜的判決

阿波羅對他的遭遇深感同情，當年是阿波羅指示奧雷斯特復仇的，他會變成這樣，阿波羅也要負一部分責任，於是他帶奧雷斯特前往雅典娜的神殿求情，雅典娜掌管正義，她可以幫助奧雷斯特。

就這樣，雅典娜展開審判與訊問，情形突然變得像是開庭一樣，阿波羅是辯護律師，雅典娜是法官，可憐的奧雷斯特是嫌疑人，而復仇女神就是控方。起初復仇女神佔上風，她們不斷強調奧雷斯特殺死了自己的母親，這是天地不容的罪孽，他在母親體內成長，吸母親的奶水，體內流淌著母親的血，但他竟然殺死母親。

奧雷斯特向復仇女神辯解，他說是母親先殺死父親，這樣母親豈不是罪加一等，他不過是幫父親報仇而已，否則父親的冤魂永遠無法安息。

阿波羅也幫奧雷斯特說話，他向雅典娜說，殺父之仇不共戴天，是他指示奧雷斯特去復仇的，最終，奧雷斯特聽完了復仇女神的控訴，痛苦地向雅典娜說，我不怪阿波羅，我殺死了自己的母親，我身上背著罪孽。

阿楚斯家族中，僅有奧雷斯特擁有良心，雅典娜感到動容，於是原諒了他，並命令復仇女神離開他的身邊。

復仇女神非常憤怒，她們不斷對雅典娜叫囂，說她們比雅典娜還古老，怎麼可以受到這種對待？但是判決已經產生，復仇女神也無可奈何，就這樣，長久糾纏阿楚斯家族的詛咒解開，奧雷斯特終於恢復自由之身。

阿楚斯家族族譜

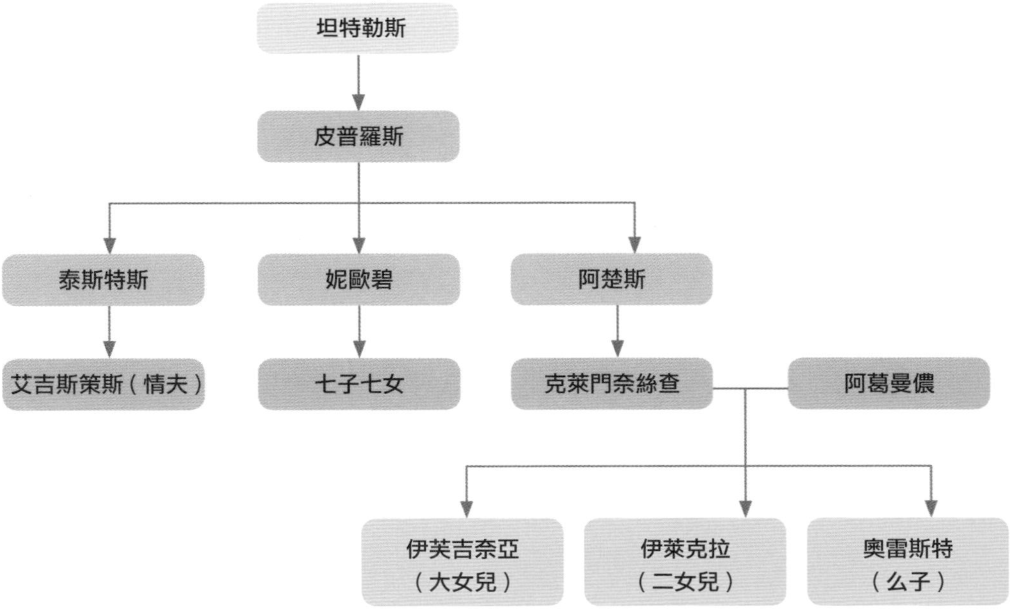

受詛咒的阿楚斯家族

希臘人認為以阿葛曼儂與奧雷斯特聞名的阿楚斯家族是一個受到詛咒的家族，他們的祖先死去後，詛咒就往後代傳承。他們相當瘋狂，作了許多天地不容的事情。據說這一切事情的開端，就是他們的祖先坦特勒斯闖的禍。

人名	犯行	下場
坦特勒斯	殺害自己的兒子皮普羅斯，煮成人肉宴獻給天神，意圖讓天神吃下人肉。	天神大怒，將他放在陰間的水池中，只要他低頭想喝水，水就會消失，想伸手摘取水果，樹枝就會被風吹到他摸不到的地方，神明懲罰他在那兒受永恆的折磨。
皮普羅斯	天神將他重新拼組完成，並讓他復活。但是因為有一位女神不小心吃掉了他的肩膀，因此肩膀是由象牙打造的。	神明起初對他很好，但他晚年殺死人，死者在死前深深地詛咒他，讓他的人生也染上了汙點。
妮歐碧	她是皮普羅斯的女兒，她生了七子七女，各個清秀美貌，她因此自命不凡，以為自己比生下阿波羅與阿緹密絲的樂朵更偉大。	神明憎恨自大的人，奪走了她所有孩子，她心如刀割日夜流淚，最後變成一尊流淚的石頭。
阿楚斯與泰斯特斯	他與泰斯特斯因為殺死了另外一位兄弟而被流放，阿楚斯創立了新的城邦，並討了老婆，妻子卻與泰斯特斯有染，於是他殺死泰斯特斯的孩子讓他食用。	泰斯特斯因為吃了自己的孩子被流放，阿楚斯後來被泰斯特斯的兒子殺死了。
阿葛曼儂	因為神明阿緹密絲命令他提供祭品，否則不准希臘人出海攻打特洛伊，結果阿葛曼儂獻上自己的親生女兒當作祭品。	他的妻子深感怨恨，在他回家後，用斧頭親手砍死他，一點悔恨也沒有。
奧雷斯特	為了報復殺父之仇，因此殺死母親，結果受到復仇女神糾纏，幾乎發瘋。	最後因為坦承自身罪孽，在阿波羅的幫助下，雅典娜免除了他們家族的詛咒命運。

《尋找金羊毛》：阿爾戈號的英雄

導讀

《尋找金羊毛》，或又稱為阿爾戈號英雄冒險記，是在特洛伊戰爭之前很有名的一段冒險故事，精彩程度不輸《伊尼亞德記》或是《奧德賽》。

在古代，長途旅程相當危險。走水路有可能遇到船難，天氣難以預測，停泊的島上是否會有怪物，或是不友善的居民，甚至是不小心得罪神明，都會讓原本單純的旅程變調。因此參與這種長途旅程的人們都被後代視為大英雄。

許多人提過這個故事，羅德島的阿波羅尼奧斯、歐里庇得斯還有品達都曾經以阿爾戈號英雄作為靈感來源，這篇故事基本上是綜合他們筆下的故事，整理出來的完整冒險行程。

傑遜雕像

出場人物

傑遜：故事中的主角。傑遜被希臘人視為大英雄，他與阿爾戈號英雄一同冒險前往遙遠的科奇斯取回金羊毛。

米蒂亞：科奇斯的公主，因為愛上傑遜，於是幫助他偷取金羊毛，在故事中扮演重要角色。

皮利亞斯：傑遜的堂兄，奪取了本來該由傑遜繼承的王位，並害死傑遜的父親。

普力梭斯：金羊毛的原始持有者，因為科奇斯國王收留了他，因此將金羊毛獻給科奇斯國王。

危險旅程的開端

傑遜本該繼承王位，但卻被他的堂兄皮利亞斯奪走。他趕走傑遜的父親，並自立為王，可是就像所有故事一樣，總會有神出來干涉。

有神諭提到皮利亞斯天下無敵，但會被自己的親戚殺死，這個人的特徵就是他只穿一隻涼鞋。自此之後皮利亞斯就非常提防外來者，結果有一天，真的有一名俊俏的少年進城來，他身著動物毛皮，卻只有一隻腳有穿鞋，這少年嚇壞了皮利亞斯。

城中的人們也對他感到很大的興趣，他們從未見過外型如此俊俏的少年，猜想他可能是哪位神明的後代，少年卻直直往宮裡頭走，來到皮利亞斯面前。

心裡相當畏懼的皮利亞斯，故作鎮定詢問對方身分，沒想到傑遜一開口就是來討王位的，少年說：我叫作傑遜，是你的堂弟，你奪走了我於法應該繼承的王位，現在請還給我。

皮利亞斯是老狐狸，他知道不該與傑遜發生衝突，於是他和善地告訴傑遜，只要他願意協助將金羊毛帶回故鄉，讓已故的普力梭斯安息，他就會把王位與國家原封不動還給傑遜。

傑遜心裡總嚮往著大冒險，他欣然接受挑戰，並公開徵選船員，許多愛冒險的人都來參加了，像是大英雄海克力士、阿基里斯的父親帕琉斯，還有音樂家奧菲爾斯。天后希拉暗中幫助了傑遜，她讓大家心中突然充滿勇氣與冒險，大家都願意跟隨傑遜出生入死。

當眾英雄到齊後，傑遜讓所有船員自由選擇領導人，結果大家不由分說皆推派海克力士，但是大力士知道自己不是領袖的材料，於是讓賢給傑遜，他們再命令工匠阿爾戈斯盡速趕工建好一艘堅固的大船，這條船之後就以建造者的名字命名為阿爾戈號。

當地人幫他們舉辦了盛大的晚宴，還殺了兩頭牛獻給阿波羅祈求平安，就這樣，這些英勇的冒險家們出發了。

阿爾戈號登陸

傑遜與阿爾戈號英雄的旅程

事件	經過	結果
列姆諾斯島	他們首先來到一個名為列姆諾斯的島嶼，島上全都是女人，原來她們以前被男人欺負，於是把所有男人都殺光，自己統領這個島嶼。 但是她們歡迎傑遜與眾英雄，讓他們待在島上飲酒作樂，眾英雄們幾乎都不想離開了。	沉迷在溫柔鄉中的英雄們忘記了自己的任務。但是海克力士不好女色，他發表了一篇沉重又激勵人心的演講（對他來說算真不簡單），激發眾英雄重新出發的熱情，於是大家拋下列姆諾斯島，再度踏上旅途。
海克力士的離去	他們離開列姆諾斯島不久，來到一座小島補充淡水，結果海克力士的隨從被水仙女們拐走了。	海克力士堅持要去找自己的隨從，再也沒有回到阿爾戈號，阿爾戈號英雄們只好繼續出發，但沒了海克力士的幫助，未來旅途將非常危險。
海爾斯波特王國	下一站，他們來到海爾斯波特王國，這邊住著很多野人，不過野人們與國王對傑遜和阿爾戈號英雄相當友善，給他們食物與水，並盛情招待。他們匆匆離開王國，前往下一站。	離開海爾斯波特王國後，他們被暴風雨沖上岸，黑暗中他們不知來到何處，與前來的人們發生衝突，兩邊大開殺戒，到了天亮傑遜與阿爾戈號英雄才發現殺死的是昨天款待他們的國王。阿爾戈號英雄們難過的離開，繼續他們的旅程。
無法前進的逆風	離開海爾斯波特王國時，阿爾戈號英雄遇到逆風，根本無法向前，他們不知道如何是好，只好詢問先知。	先知告訴他們，必須建一個獻給瑞亞的神殿，這樣瑞亞就會放行，於是阿爾戈號英雄們趕緊趕工，建好後，風果然變成了順風。
普羅波提斯的安米克斯	安米克斯是當地的國王，他從不問來者是誰，只要是過客皆被要求一定要與他比武。安米克斯是偉大的武士，眾英雄不知是否贏得過他，相當苦惱。	結果阿爾戈號英雄贏了，國王的侍衛想要殺死他們，他們只得趕緊逃走。
先知菲紐斯	下一個島嶼撒爾米德索斯的統治者菲紐斯同樣不問來者為何人，因為他是先知，早知道一切世事，他因此被宙斯懲罰永遠不能吃任何東西，每當他想吃東西時，女妖就會飛來搗亂，讓他永遠飢腸轆轆。	阿爾戈號英雄們同情先知菲紐斯的遭遇，於是替先知趕跑女妖，先知感激阿爾戈號英雄的幫忙，於是給予他們不少未來旅途的建議。
恐怖的撞擊大岩石	先知告訴他們一行人會經過兩塊岩石，這兩塊岩石看似普通，但在有船隻經過時會快速合起，讓不少船隻毀損，甚至沉船，無人可安全通過。	於是傑遜先放一隻鴿子過去，岩石快速合起了，只夾到鴿子的尾巴。阿爾戈號英雄們接著賣力划過岩石，果然也只有船尾受到一點點損傷而已。從他們離開後，岩石就沒有再打開了。
來到科奇斯王國	他們來到科奇斯後，向國王表明他們是來帶回金羊毛的，國王自然不答應，他要求眾英雄，除非做到他交代的事情，並且毫髮無傷，他才願意讓傑遜將金羊毛帶走	傑遜不知道會遇上怎樣的任務，正愁容慘面，此時希拉表示會幫助他，叫他放心，此行會相當順利的。
龍齒武士與噴火牛	國王派給傑遜與阿爾戈號勇士的任務是將噴火的牛套上犁具，然後將龍齒播種，再殺死龍齒武士。這看似不可能的任務，讓阿爾戈號英雄們感到相當沮喪，但是希拉答應會幫忙，她請阿芙蘿黛蒂命愛羅斯讓國王的女兒米蒂亞愛上傑遜，結果米蒂亞願意幫助傑遜。	米蒂亞給傑遜一種魔藥，擦在身上就能刀槍不入，並教導他如何對付龍齒戰士。結果傑遜輕輕鬆鬆就給牛戴上犁具，並將龍齒種入土中，長出來的戰士可怕極了，但傑遜將石頭丟在他們中間，結果他們全都自相殘殺死掉了。
偷走金羊毛	米蒂亞知道父親的個性，她知道父親不會交出金羊毛，只會殺死傑遜與阿爾戈號英雄，於是她催眠看守金羊毛的蛇，並令傑遜殺死大蛇。	就這樣阿爾戈號英雄與傑遜趁著半夜帶上金羊毛與米蒂亞逃離了科奇斯，途中國王追來，米蒂亞殺死自己的弟弟丟入海中令父親停船撿拾屍體，阿爾戈號英雄得以逃脫，傑遜終於達成皮利亞斯要求他的任務。
女妖賽壬的小島	回程中，阿爾戈號英雄還是遇到了危險，他們碰到令水手聞風喪膽的金嗓女妖，她們的歌聲好動人，水手們差點全部跳船。	幸好大音樂家奧菲爾斯全力演奏樂器，以優美的琴聲蓋過金嗓女妖的歌聲，他們才終於順利通過。
謀殺皮利亞斯	當傑遜回來後，發現父親早就被皮利亞斯害死，他知道皮利亞斯是不守信的人，不會這麼輕易將王國還給他，於是他請米蒂亞幫忙。	米蒂亞哄騙皮利亞斯的女兒將父親殺死，丟在水桶中念咒可以讓他起死回生，並且返老還童，結果他的女兒殺死皮利亞斯後，米蒂亞沒有施法，皮利亞斯就這樣死去了。

傑遜的結局

傑遜報了父仇後，與米蒂亞一同被流放到柯林斯。阿爾戈號的冒險故事已經結束，接下來的故事是悲劇《米蒂亞》中所描述的結局。

即使被流放，米蒂亞並不在意，她深深愛著傑遜，為他犧牲許多，只盼望傑遜不會辜負她的愛，結果柯林斯的國王覺得傑遜英俊帥氣，於是欲將自己的女兒嫁給他，在這個時候原本英勇的大英雄竟然出現了卑劣的性格，他答應了。

傑遜並要求柯林斯的國王立即將米蒂亞與兩個孩子驅逐出柯林斯，他害怕米蒂亞的報復手段，女人的復仇相當可怕，他不想丟掉駙馬爺的名號。

米蒂亞聽聞了傑遜的婚約，頓時跌坐在地，淚流滿面，她為傑遜拋棄自己的王國，背叛自己的父親，什麼也不要，只是深深愛著他，還與他生下了一雙兒女，現在傑遜卻為了柯林斯國王的女兒，要將她與幼子流放。

她哭泣著向傑遜訴說愛意，請傑遜改變心意，但傑遜心意已定，他叫米蒂亞立即離開。悲傷的米蒂亞吞不下這口怒氣，於是她精心製作了一件絕美的禮服送給柯林斯的

阿爾戈號據說堅固無比，載著阿爾戈號英雄們前往尋找金羊毛之旅

傑遜與米蒂亞

公主，公主滿心歡喜地接過結婚禮物，竟然全身著火而死。

傑遜知道這必定是米蒂亞的報復，於是前往質問米蒂亞，但米蒂亞早就知道傑遜會前來質問他，於是在他面前殺死了兩個孩子，坐上飛龍拉的馬車逃走了。

傑遜狠狠地詛咒她，但為時已晚，他已經失去了一切。

偷走金羊毛

BOX

金羊毛的來歷：希臘有一個國王，當妻子老去時，他把妻子休了，另外娶了年輕貌美的英諾公主，當時前妻已經替國王生下兩個孩子，一男一女，後母英諾不喜歡這兩個孩子，想要害死小男孩，避免小男孩奪走屬於她的遺產。於是她精心策劃，將所有的穀物都煮熟，然後分給人民耕種。

當然，煮熟的穀物不可能長出作物，人民陷入饑荒，這時候英諾再賄賂神殿的祭司。當國王派遣大使去神殿祈福，詢問該如何應付饑荒時，祭司竟然說，要把王子獻出來作祭品，這樣萬物就可以恢復興隆，老百姓不用再挨餓。

人民都快餓死了，龐大的壓力像重石一樣壓在國王背上，他必須取捨，拋棄妻子是一回事，但是殺死自己的孩子？這可是自己的親骨肉，他是否有足夠的勇氣？但是國王沒有選擇，他不得不這麼做。英諾很快安排好祭祀的日子，侍衛將可憐的小王子帶出來，準備作為祭品獻給天神，但天神知道孩子是無辜的，所以他們派金羊從天而降，將可憐的兩兄妹帶走。

但在橫越歐亞海峽的時候，女孩不幸落水死亡，男孩安全逃到科奇斯，科奇斯人決定要收留可憐的小男孩，他感激不盡，把金羊殺了獻給國王表示敬意，就這樣，金羊毛成了科奇斯的寶物。

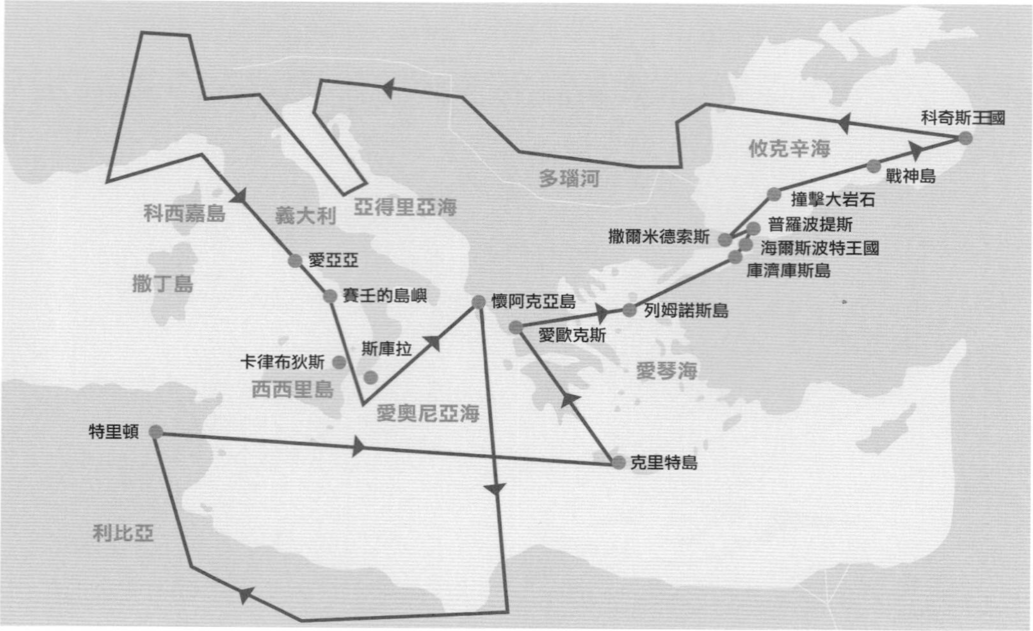

阿爾戈號英雄的金羊毛之旅

女巫米蒂亞

憤怒的米蒂亞，似乎仍在等待變心的傑遜回心轉意

《伊底帕斯王》：造化弄人的故事

導讀

伊底帕斯是有名的悲劇人物，許多作家都寫過他的故事，荷馬、赫西奧德、品達與索福克勒斯，其中又以索福克勒斯的作品最為經典，他所寫的《伊底帕斯王》、《科洛諾斯的伊底帕斯》與《安蒂岡妮》，完整交代了伊底帕斯一生的故事。

伊底帕斯原本是大英雄，他的一生光明磊落，為民除害，他並非有勇無謀的大英雄，曾以智慧戰勝斯芬克斯，卻因命運遭受無情的折磨，只得自挖雙眼，被希臘人視為可憐卻偉大的悲劇英雄。

出場人物

伊底帕斯：故事中的男主角，擁有大英雄的勇氣，卻在一連串誤會與巧合中，成了弒父並與母亂倫的逆子。

喬卡斯塔：伊底帕斯的母親，是底比斯的皇后。

拉奧斯：伊底帕斯的親生父親，底比斯的國王。因為阿波羅的女祭司告訴他自己將被親生兒子所殺，所以將幼子丟棄，讓他沒有活命的機會。

斯芬克斯：艾齊娜與泰豐生下的可怕怪獸，出沒於通往底比斯的主要通道上，只要對方答不出牠所提出的謎語，就把他們吞下肚。

波利布士：柯林斯的國王，伊底帕斯的養父，伊底帕斯一直認為波利布士是他的真正父親。

梅洛碧：柯林斯的皇后，伊底帕斯的養母，將伊底帕斯當親生兒子般養大。

泰瑞席爾斯：命運多舛的先知，被希拉戳瞎雙眼，是有名的盲眼先知。

智勝斯芬克斯獸

伊底帕斯的祖先很有名，他是屠龍英雄卡德莫斯的第三代子孫。故事以一條可怕的神諭開始，阿波羅的女祭司告訴伊底帕斯的父親拉奧斯，總有一天他會死在兒子手裡。就像所有的人一樣，他的父親想要逃避命運。

於是他在伊底帕斯一出生的時候，就將他的雙腳刺穿，並命人將他兒子殺死，結果伊底帕斯被好心人收養，最後平安地長大成人。收養他的人是柯林斯的國王波利布士，雖然不是親生的，但是父親與母親還是呵護他長大，讓他在慈愛的家庭中成人。伊底帕斯後來無意間聽到他會殺死自己親生父親的預言，為了躲避預言，只好逃離自己的父親，殊不知他根本就不是國王波利布士的親生兒子。

牧羊人在原野上撿到伊底帕斯，並獻給柯林斯的皇后

就這樣，伊底帕斯開始在外流浪，他來到底比斯附近，聽到附近居民苦不堪言，因為通往底比斯的路上有一隻怪獸。牠守在路上，詢問對方謎語，若是行人答不出來就會被吃掉，非常可怕，目前沒有人生還，因此無人可以進出底比斯。

伊底帕斯心想，與其漫無目的地流浪，不如去底比斯殺死怪物，為民除害。於是他來到底比斯附近尋找怪獸，結果遇到一個跋扈的老人與隨從，伊底帕斯與對方發生爭執，伊底帕斯不小心動手把對方殺了，但他對於這件小事沒有放在心上，怪獸的謎語讓他分了心。

他看見斯芬克斯獸，於是勇敢地上前，斯芬克斯對他很好奇，但仍丟出牠著名的謎語，什麼東西早晨用四隻腳行走，中午用兩隻腳，晚上用三隻腳。

伊底帕斯想了想，回答：「人類。我們年幼時用四隻腳爬行，長大後用兩隻腳行走，老了後需要拐杖，變成三隻腳。」伊底帕斯輕鬆

解出謎團，斯芬克斯獸感到相當自卑，因此跳崖自盡。

災難降臨底比斯

民眾感激他，建議立他為王，底比斯原來的國王拉奧斯離國後不知去向，隨從只說他被強盜殺死了，雖然命案未破，但現在國家只有皇后與他的兄弟統治，似乎名不正言不順，伊底帕斯答應了，於是他娶了皇后喬卡斯塔，並成了底比斯國王。就這樣，以往的血腥預言似乎已經遠離伊底帕斯，他現在過著幸福又逍遙的日子呢。

伊底帕斯面對斯芬克斯獸

好景不常，他的兒子們長大後，底比斯遇到了可怕的瘟疫，人民感染了瘟疫重病，沒有力氣犁田，導致農作物都壞死，沒有生病的人因為食物匱乏也快餓死了。伊底帕斯不忍見人民受苦，於是派人前往戴爾菲神廟祈求神的指示。

阿波羅只回答了簡單的答案，他說只要殺死拉奧斯的兇手受到制裁，那瘟疫就會停止。伊底帕斯因此下令全面緝凶，雖然世隔多年，但應該不至於找不到兇手才對，他找來令人尊敬的盲眼先知泰瑞席爾斯，請他告訴大家兇手究竟是誰？泰瑞席爾斯不肯說，伊底帕斯以為先知在刁難他，於是苦苦哀求，但是泰瑞席爾斯就是一句話都不肯開口。伊底帕斯氣極了，他指控泰瑞席爾斯就是兇手，因此才不願意揭露祕密，先知遭到這樣的指控氣急敗壞，急忙說，你怎可指無辜的人為兇手？你所找的人，就是你自己！

伊底帕斯不以為意，他以為老先知已經老糊塗了，皇后喬卡斯塔也認為這不可能。她說阿波羅曾預言國王會死在自己兒子手下，但是她生下一子後，國王就把孩子殺死了，因此不可能是伊底帕斯所殺。

喬卡斯塔堅信拉奧斯應該是強盜殺死的，當時還有一位人證，沒有被殺害，但是他回家鄉去了。伊底帕斯詢問國王死亡的時間點，發現就在他來到底比斯之前。他的心裡發慌起來，請皇后找來當時的生還者，並向皇后如此坦承：「阿波羅曾經說過我會殺死自己父親，因此我才離開柯林斯，但在來到底比斯的路上，我曾經殺死一群人，或許那就是老國王？」

就在大家爭論不休時，宮廷來了信差，他宣布悲傷的消息，柯林斯的國王，也就是伊底帕斯的父親已經病逝，他的母親派人通知伊底帕斯。喬卡斯塔此時更加堅信阿波羅或許說了假話，於是她告訴伊底帕斯：「你不在你父親身邊，但他還是去世了，你不需要對你父親的死負責，因此老國王必定也是死於強盜之手。」

真相大白

信差聽到了這樣的說法，抬起頭來對伊底帕斯說：「你認為你會殺死自己的父親，所以感到害怕才離開柯林斯嗎？但是你不用擔心呀，柯林斯的國王不是你的生父，是我在草原上撿到你，把你獻給國王的。他把你當作親生兒子養大，但他不是你真正的父親。」

伊底帕斯趕緊詢問信差找到他的地方，結果信差的答案讓喬卡斯塔臉色蒼白，想讓信差閉嘴，伊底帕斯不懂發生何事，他只想知道自己的身世。

但喬卡斯塔已經一邊尖叫著一邊逃往宮殿內，伊底帕斯還在追問信差，頓時他把答案全部連在一起了。皇后曾經命人將孩子丟在草原上，信差在此撿到腳上有傷的孤兒並把他帶到柯林斯。結論只有一個：當年的生還者回來了，伊底帕斯就是殺死國王拉奧斯的人。

原來他就是底比斯國王拉奧斯的兒子！國王不是被強盜所殺，而是他無意間犯下的錯誤。伊底帕斯發出慘叫聲，跌坐在地上。他明白

少年伊底帕斯

他殺死自己的父親並娶了自己的母親，這是怎樣的人倫悲劇呀！他發出淒厲的哀嚎，拚命在宮中尋找他的妻子（也是他的母親），最後發現她早已上吊自盡。

伊底帕斯無法忍受這痛苦的事實，再也無法面對任何人，他寧願活在永恆的黑暗中，於是挖出了自己的雙眼。就這樣，大英雄伊底帕斯最終的結局，竟是如此哀戚。

老年伊底帕斯

安蒂岡妮

喬卡斯塔死後，瞎眼的伊底帕斯繼續住在底比斯，他的四名子女長大成人，雖是亂倫生下的孩子，但是他們沒有變成怪物。

當時伊底帕斯已經退位，他的兒子波利尼斯選擇讓喬卡斯塔的哥哥攝政，但底比斯人害怕發生在伊底帕斯身上的悲劇，認為他會為民眾帶來不幸，所以把他逼走，大女兒安蒂岡妮同情父親，跟著父親一同流亡到科洛諾斯。

伊底帕斯與其母生下的四名孩子

伊底帕斯離開後，兩個兒子爭著當國王，原本同意一人統治一年，但是伊特歐克斯反悔，結果發生了戰爭。伊底帕斯的小女兒伊絲敏逃往科洛諾斯與姊姊和父親相聚，這時伊底帕斯已經相當年老，即將死亡，姊妹倆哭泣著送父親最後一程，卻不知未來何去何從。

此時被驅逐出底比斯的波利尼斯率領大軍攻打底比斯，他聯盟六位國王共同進攻，兩姊妹不知該支持哪位兄弟，只好不表態。雙方的戰爭打了很久卻沒有結果，最後大家決定由兩兄弟單獨決鬥，贏的人拿走一切。

兩兄弟同意了，於是波利尼斯

與伊特歐克斯展開對決。沒有任何人是贏家，兩兄弟同時死在對方手中，喬卡斯塔的哥哥成了底比斯國王。

他對外下令不准安葬任何進攻底比斯的人的屍首，然而安蒂岡妮

安蒂岡妮

不忍見兄弟無法安葬而變成無主孤魂，於是違反命令偷偷將兄弟下葬，違反命令的安蒂岡妮被下令處死，伊絲敏對此感到寒心，離開了底比斯城，從此再沒有人聽過她的故事。

可是除了波利尼斯被安蒂岡妮埋葬以外，其他人皆曝屍荒野。不過當年進攻底比斯的七個國王中有一個沒有死，他去雅典找鐵修斯幫忙，鐵修斯幫他成功打下了底比斯，卻保持了底比斯的完整，只帶走了五具曝屍荒野的國王屍體。

死者終於得以安息，大家都感到欣慰，但死者們的兒子還是忿忿不平，十年後，他們集結強兵攻打底比斯，一舉滅城，從此底比斯皇室就這樣滅絕了。

BOX

伊底帕斯情結：佛洛伊德曾經提出一種理論，關於戀母反父的人格。這種病症被稱為伊底帕斯情結，來源就是這則伊底帕斯意外殺死父親並娶了母親的大悲劇。而另外一種戀父情結，則被稱為伊萊克拉情結，來源也是希臘神話，伊萊克拉協助弟弟奧雷斯特殺死母親，以報父仇。

底比斯皇室家譜

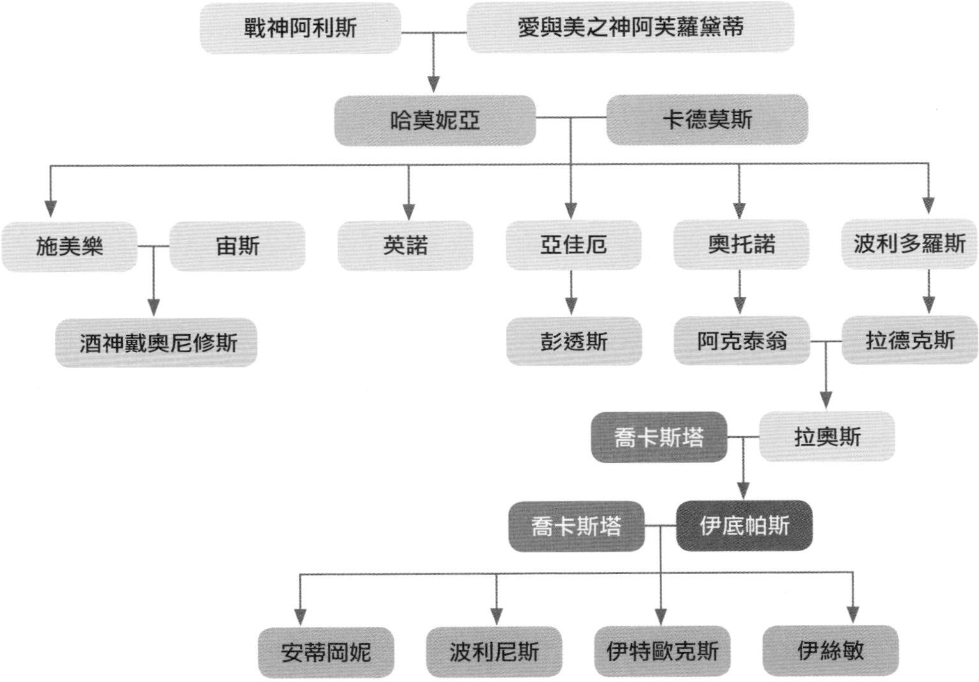

底比斯家族之下場

名稱	下場
施美樂	被宙斯的火焰活活燒死。
酒神戴奧尼修斯	瘋瘋癲癲的，還未出生母親就死去，曾被分屍，但幸好有神的身分，所以沒事。
英諾	壞後母，想殺繼子不成功，之後殺掉自己兒子，最後發瘋。
彭透斯	酒神讓他的母親發瘋把他撕裂。
亞佳厄	發瘋，殺死自己的親兒子。
阿克泰翁	被自己的獵犬殺死。
拉奧斯	被自己的兒子殺死。
喬卡斯塔	自盡。
安蒂岡妮	因埋葬兄弟被處死。
波利尼斯與伊特歐克斯	在戰場上手足相殘致死。

第六篇
傳說與故事

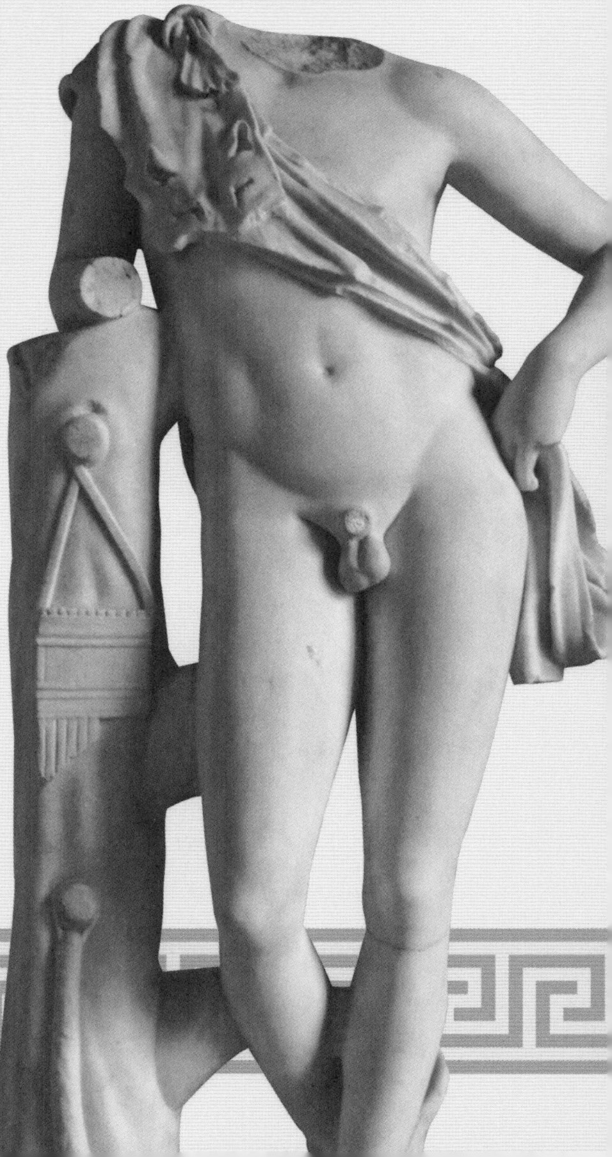

水仙花的由來：納希瑟斯

納希瑟斯是出名的美少年，在他出生時，他的母親曾經詢問先知泰瑞席爾斯，這個孩子是否可以安享天年？結果先知回答了啟人疑竇的答案，他說：「若是他不看見自己，就可以活得長長久久。」

當時沒有人知道這句話是什麼意思，因此隨著納希瑟斯長大，這句預言也逐漸遭到淡忘。不知不覺中，納希瑟斯十六歲了，出落成一個英俊的美青年，看過他的人無不動心，但納希瑟斯也是個自傲的孩子，這些普通的凡人沒有一個可以打動他的心，所以即使追求者無數，他也沒有一個看得上眼。

納希瑟斯與艾可

有一天他外出打獵，寧芙艾可看見納希瑟斯立刻墜入愛河，但她不敢向納希瑟斯表白。因為艾可也有苦衷，從前她也是天真可愛的少女，但她無意間阻礙了天后希拉的捉姦行動，希拉一怒之下，懲罰她只能永遠重複他人說的話，不能自己先發聲說話。

在艾可看見納希瑟斯時，情況就是如此，她只能悄悄跟著納希瑟斯，盼望自己可以向他訴說心聲。她有那麼多甜言蜜語想對他傾訴，可是張開嘴卻無法發出聲音。

這時候，納希瑟斯與同伴走失了，於是他高聲大喊：「有人在這裡嗎？」艾可逮到機會也向納希瑟斯說：「在這裡。」納希瑟斯看不見說話的人，只好向前尋找，可是明明四下無人，納希瑟斯只得再大喊：「過來吧。」

艾可把握住機會，重複納希瑟斯的話讓他過來，這時納希瑟斯循著艾可的聲音逐漸靠近，艾可開心地衝出樹林，想抱住納希瑟斯的脖子，但納希瑟斯被這樣突然的舉動嚇了一跳，立即往後退，並大聲斥責艾可。

他說寧願一頭撞死都不讓艾可抱住，但艾可只能小聲地重複納希瑟斯的最後幾個字：抱住我。被拒絕的艾可感到相當痛苦，她躲在樹林間暗自哭泣，但是相思之苦是如此難熬，慢慢地她開始變得枯瘦，最後身體與骨頭都消失了，只剩下她的聲音。據說以後在空曠的山上大喊時，就可以聽見艾可重複說著喊聲的最後幾個字，這是因為艾可的聲音仍然活在山谷中的原因。

可憐的艾可消失了，但還是有無數的少男少女愛上納希瑟斯卻得不到回報。納希瑟斯的男同伴因為受不了這種單戀的痛苦，於是向報應女神奈米西斯禱告，希望神明可以懲罰納希瑟斯，讓他愛上自己永遠觸摸不到的人，這樣他就可以體會別人的痛苦。奈米西斯聽見了，允諾了他的願望。

納希瑟斯的不幸開始了，他來到森林裡，看到清澈的池塘，他往池塘裡頭望去，發現一位他此生見過最英俊的年輕人。絕美的影像就出現在水中，他頓時愛上了水中的男人，目不轉睛地看著那名陌生男子，看著他光滑的皮膚與美麗的雙眼，就這樣他完全無法將目光移開。

他想觸摸水裡的人，想要擁抱他，但是怎麼可能擁抱得了自己呢？水中的男子就是納希瑟斯自己的倒影，於是他不吃不喝，只是每天傻傻地盯著自己在水中的倒影。他痛苦極了，只想一死，但如果他死了，水中的倒影也會死去，他捨不得那英俊的少年死去。

於是他對著池塘以淚洗面，日日夜夜不斷哭訴自己的愛意，卻永遠無法擁有對方。他日漸消瘦，終於死在池塘邊，他的姊妹前來池塘幫他收屍，卻只看見池塘邊開滿漂亮的小白花朵，於是她們將這種小花命名為納希瑟斯，也就是水仙花的意思。

納希瑟斯愛上水中自己的倒影，
不可自拔

奧菲爾斯與尤麗黛

這是大音樂家奧菲爾斯的故事，他極具才華，曾經參加過阿爾戈號英雄尋找金羊毛的旅程，但這邊說的是一個悲傷的故事。

奧菲爾斯深愛他的妻子尤麗黛，尤麗黛也深深愛著他，相愛的兩人決定結為連理，舉辦了盛大的婚禮。婚姻之神聽見奧菲爾斯的呼叫，所以趕緊來到他們的婚禮，但他手上的火炬不斷冒出黑煙，燻黑了神明的眼睛，這不是個好兆頭。

尤麗黛遭毒蛇咬死

就在此時，新娘尤麗黛由寧芙陪伴走過草地時，毒蛇咬了她的腳踝，就這樣，漂亮的新娘子一命嗚呼，死時還穿著嫁衣。

悲傷的奧菲爾斯不斷哭泣，從婚禮當天到喪禮結束，大家都安慰奧菲爾斯應該要忘了尤麗黛，畢竟逝者已逝，活著的人還得繼續活下去。但奧菲爾斯耳裡聽不見任何安慰的話語，他總覺得還有挽救的機會，神明不會無緣無故拆散這樣一對愛得極深的戀人，他要去陰間討回他的新娘。

即使眾人覺得這樣的念頭非常瘋狂，但誰也無法阻擋奧菲爾斯到陰間的決心。悲傷蒙蔽了他的理智，此刻只有尤麗黛回到他的身邊，他才能再展笑顏。

於是奧菲爾斯鼓起勇氣穿過幽暗的森林來到陰間入口，旁邊都是亡魂，樣子可怕極了，但是他不害怕，他在陰間一邊演奏，一邊唱起了這段悲慘故事。

他說他千里迢迢來這裡一趟，不是為了大開眼界，參觀死者的世界，他不是為了地獄犬（海克力士曾經到陰間討地獄犬完成他的任務），他是為了他的妻子而來，蛇毒斷送了她的花樣年華，他無法放下他的妻子。

他邊哭邊唱，聲音動人極了，他說：「愛神已經擄獲我，我是他的奴隸，冥王也曾經愛上柏瑟芬，到陽間去搶婚，所以你們能夠了解愛是如何威力無邊，而我僅僅要求恢復我妻子太快消逝的生命。世間萬物都歸您掌管，等到她度過天年後，仍會回到陰間，求你們讓我的妻子回到陽世。」

奧菲爾斯帶尤麗黛回陽間

奧菲爾斯哭求冥王，如果不能將他的妻子還給他，那就把他自己的性命也拿走吧，沒有了妻子他也無法獨活。

一向以冰冷出名的黑帝斯感動落淚，柏瑟芬也早已淚眼汪汪。他動人的歌聲就連復仇女神都忍不住感到悲傷，高加索巨鷹忘記啄食普羅米修斯，就這樣，大家都停下手上的事情，深深地為奧菲爾斯感到不幸。

冥王說話了，頭一次，他願意讓亡魂重返人間。

奧菲爾斯高興極了，他不斷道謝。但冥王警告他，在回陽間的路上，他必須走在前方，讓他的妻子跟在後面，在回到陽間前，他不可以回頭看自己的妻子，否則承諾就會失效，奧菲爾斯答應了。

就這樣，他在前頭走著，尤麗黛跟在後面，但在上坡時，奧菲爾斯滑了一跤，他害怕柔弱的妻子無法順利爬上陡坡，於是忘了冥王的警告，他回過頭去，想用手抓住尤麗黛。

但他抓到的只是空氣，他違背了諾言，冥王再度收回他妻子的亡魂，這時他才想起他答應冥王絕對不可以回頭，但已經太遲了。尤麗黛再次死亡，在她的亡魂飄回陰間前，她只能對深愛的丈夫說：「再見了。」

但聲音微弱，根本沒有傳到奧菲爾斯耳中，就這樣消失在永恆的黑暗中。

戴德勒斯與伊卡魯斯

戴德勒斯是極具創意的發明家，他被希臘人稱為聰明的藝術家，不過他的聰明才智卻總是為他惹上麻煩，相當諷刺。

他曾為克里特島的國王麥諾斯做事，也有說法是他當時是囚犯，在克里特島坐牢兼贖罪。然而時間相當不巧，麥諾斯得罪了海神波賽頓，神明討厭不實踐諾言的人，所以打算要懲罰麥諾斯。他不直接對麥諾斯下手，而是找上了麥諾斯的妻子，波賽頓讓她發瘋愛上一頭公牛。

戴德勒斯製作假牛

這種不正常的愛戀讓麥諾斯的妻子感到相當痛苦，但她深深地愛著公牛，沒有任何選擇，於是她請求戴德勒斯幫助，請他打造一具與真牛相似的外殼，讓她可以躲在其中，這樣她就可以與公牛在一起。

戴德勒斯對於這樣的畸戀雖感到不齒，但他也想試試自己的手藝是否真能騙過公牛。於是他經心打造了一具外表與真牛完全一模一樣的雕像，唯有中間是中空的，皇后就躲在假牛中，希望可以騙過公牛。

戴德勒斯的工藝技巧果然無人能敵，成功幫皇后偽裝成牛，但皇后後來與公牛生下了一個非常可怕的怪物牛頭人身獸，麥諾斯非常生氣。他知道這是波賽頓的報復，但他也一併懲罰了幫助皇后的工匠。

他命戴德勒斯建造一個大迷宮，規模之大，無人可以走出來，進去的人都只有死路一條，然後把可怕的牛頭人身獸放在迷宮中央。再命令雅典每年進貢七名少男少女進入迷宮中當祭品。戴德勒斯感到相當痛苦，但他沒有其他選擇，只能完成麥諾斯的要求，否則自己也會人頭落地。

英雄鐵修斯為這些可憐少年少女的死感到哀傷，於是決定自己進去迷宮殺死可怕的怪獸。在國王女兒的幫助下，他不僅成功殺死牛頭人身獸，還平安地走出迷宮，逃回雅典。

麥諾斯以為是戴德勒斯告訴鐵修斯該如何走出迷宮，於是把戴德勒斯跟他的兒子伊卡魯斯關起來，打算殺死兩人。

這時候戴德勒斯想出一個絕妙的點子，他蒐集許多羽毛，將羽毛用蠟黏在自己與兒子手臂上，製成了一雙大翅膀，兩人便用翅膀展翅高飛，逃離了監獄。

戴德勒斯幫伊卡魯斯裝上蠟與羽毛做成的翅膀

但伊卡魯斯頭一次嘗到飛行的滋味，他不禁越飛越高，即使父親交代他絕對不可以飛得太高，他還是被飛行的快感沖昏頭，快速地飛向太陽。結果，因為翅膀是用蠟黏住的，遇到太陽的高溫就融化了，伊卡魯斯失去翅膀，直直往下掉，就這樣摔死了。

因喪子而哀傷不已的戴德勒斯流著眼淚繼續逃亡，來到西西里島躲著。

麥諾斯對於戴德勒斯三番兩次與他作對，感到非常氣憤，他立誓一定要抓到戴德勒斯，但即使他下令士兵四處搜尋，都找不到戴德勒斯的行蹤。

最後麥諾斯拿出一個機關，外表像是一顆球，球裡頭有一條開口，但開口是彎曲不規則的。麥諾斯公諸天下，說誰能將線穿過球體達到另外一端，就有重賞。

結果西西里島的國王前來領賞，他把螞蟻綁上線，並在球底另外一端擺著蜂蜜，螞蟻就這樣循著蜂蜜的氣味爬呀爬，綁著線穿過了球體。

麥諾斯知道這點子必定是戴德勒斯想出的，逼迫西西里島的國王交人，國王假意答應，請麥諾斯來到西西里島，最後暗中謀害了他。

就這樣，天才工匠戴德勒斯終於逃過一劫。

蜘蛛的由來：阿拉克妮

阿拉克妮是技巧高超的編織女工，連眾神都讚嘆。即使出身不顯赫，還住在偏遠的小鄉村中，房子既不華麗又不漂亮，但無人不被阿拉克妮的手工藝品所吸引。

她也知道自己是個好織工，時常受到他人稱讚的阿拉克妮，不禁也自傲地說她的編織技巧可比發明編織的雅典娜還要高明。這樣的話傳到雅典娜耳中，讓女神相當不是滋味。

遭到雅典娜嫉恨復仇的阿拉克妮

於是雅典娜假扮成老婦人，來到阿拉克妮家，她看著阿拉克妮的織品對她說：「不聽老人言，吃虧在眼前，作人一定要學會謙虛，否則下場堪憂。」對著好心相勸的老婦人，阿拉克妮卻惡言相向。她向老婦說：「我的技巧比雅典娜女神更高明，我不需要謙虛。如果女神不服氣，就讓女神親自來找我理論吧。」

常勝女神怎能容忍這樣的屈辱？於是她立刻顯現真實身分，表示願意接受阿拉克妮的挑戰。

阿拉克妮不因對方是女神而畏戰，反而勇敢接受了雅典娜的戰帖，她有信心自己並不會輸，因此不需懼怕。

她們各坐在一臺織布機前，展開線，就這樣織起布來，兩個手藝絕佳的織手就這樣在織布機上展現出美妙的圖案。

阿拉克妮與雅典娜比賽織布

雅典娜織的是一個古老的故事，關於宙斯與奧林帕斯眾神爭取雅典的過程。雅典娜有心機，因為這個故事最後的勝出者是她，她有意顯示出自己輝煌的過去與奪勝的決心。為了讓阿拉克妮警惕，女神還在織品四角織上不同圖案，若仔細看的話會發現，那都是得罪神明後，被神明懲罰的凡人故事。

但阿拉克妮不遑多讓，她在織布機上織出美麗的圖案，說的是宙斯意圖綁走歐羅芭的故事，化身為牛的宙斯面貌是那麼栩栩如生，人們不禁以為那是真實的牛。阿拉克妮織出了一幅幅故事，每一篇都是如此精美。

女神見到阿拉克妮竟然織出與她同樣美麗的織品，且速度如此之快，她生氣了，站起來搗毀了阿拉克妮的織品。她無法令阿拉克妮認錯，因為她的確是手藝精湛的織工，但女神怎能嚥下這口氣。

她生氣的拿起織布的梭子，就往阿拉克妮的頭砸下去，少女不甘心受辱，但她又能如何？對方可是偉大的天神啊，她只好決定上吊自殺，讓人神來評斷究竟誰對誰錯。雅典娜看見阿拉克妮想要尋短，頓時又對她起了憐憫之心，畢竟這整件事情的元兇是自己。

她來到阿拉克妮跟前，將巫術女神黑卡蒂的巫術藥水淋到阿拉克妮身上，邊淋邊告訴她，既然你那麼愛編織，你就永遠織不停吧，這個詛咒將會世世代代地延續下去。

頓時，阿拉克妮的手與腳都萎縮了，臉孔也變了，慢慢縮小成一種小小的昆蟲，但長出了八隻腳。就這樣，阿拉克妮成了蜘蛛，而蜘蛛的後代也永遠如雅典娜所說的，終其一生不斷吐絲織網，直到死去的那一天。

BOX

雅典娜在布的四角所織故事為何？

第一個角落，是色雷斯的兩個凡人，原本是姊弟，卻因為覺得自己比希拉和宙斯更偉大，於是被變成山脈。第二個角落，是矮人族的皇后，挑戰希拉的權勢失敗，女神把她變成鶴。第三個角落，是矮人族皇后的女兒，因為母親被懲罰，同樣受到連累，被變成了鳥。第四個角落，織的是覺得自己的女兒比天神還漂亮的男人，天神把他的女兒都變成石頭，工人將石頭拿去製成石階，悲傷的男人趴在石階上哭泣的故事。

皮拉慕斯與提絲培

很久很久以前，桑椹外表與我們現今看到的鮮紅果實是不一樣的。它變紅的故事來自一對媲美羅密歐與茱麗葉悲慘遭遇的戀人。

皮拉慕斯與提絲培是一對戀人，男的俊俏，女的美麗，兩人門當戶對，住家相鄰，不禁日久生情，但雙方家人都反對他們交往。家人不准他們交談，他們就比手語；不准他們見面，他們就想盡辦法，在兩家之間的牆壁有一條小小的縫隙，沒有人發現過，但是戀人的眼睛特別雪亮，當初蓋房子的瑕疵變成他們唯一的溝通管道，於是利用這條隙縫互通款曲。雖然感謝這裂縫的存在，但他們偶爾也會厭惡這面牆，怨恨這面牆擋住了他們的情人，明明就在眼前卻無法碰觸，這是多麼地哀傷呀。

隔牆傳遞情意的提絲培

他們多麼想擁抱、親吻，但是冰冷的牆隔在其中，他們什麼也不能做。但起碼有這高聳的牆，讓他們還得以見面，每天晚上他們在分開前都會在牆上留下深情一吻，希望這一吻可以傳達到對方心中。

可這樣根本不夠，戀人炙熱的心容不下一面牆，於是他們相約到城外的墳場約會，兩人打算趁夜深人靜時溜出家門。在墳場附近有一棵高大的桑樹，樹葉茂密，結滿了雪白的桑椹，兩人打算用桑樹作遮掩，掩護他們會面的行蹤。

等呀等，太陽終於落下了，提絲培小心翼翼溜出家門，她戴著面紗，靜靜在桑樹下等候，但是卻突然出現一頭母獅，滿嘴沾著鮮血。獅子剛吃了一頭牛，現在來到河邊喝水，提絲培嚇壞了，她想著要趕緊溜走，以免被母獅當作點心。

慌亂間，她遺失了面紗而不自知，兩腿發抖跑到附近山洞去避難，當母獅喝完水經過樹下，發現提絲培的面紗，面紗上有人類的氣味，於是母獅將面紗咬碎，才慢慢離開。

皮拉慕斯這時才趕到，他不知道發生了什麼事情，地上全是鮮血，還有被撕毀的面紗。他的情人趁著夜裡懷抱滿腔愛意來找他，

皮拉慕斯與提絲培

卻慘死在野獸爪下，而這都是他的錯，因為他來得太晚，無法保護自己的情人。

他巴不得獅子殺死的是自己，但他痛哭流涕，情人也不會復活，於是他抱著提絲培沾滿血的面紗，親吻著桑樹，拔出腰間的劍深深插入自己腹中，鮮血四濺，染紅了周圍的草地與桑椹，血流入土中，樹根浸入血泊，慢慢地將樹枝上的果實也全都染成鮮紅色。

提絲培躲藏了一陣子，心繫皮拉慕斯，因此即使覺得相當危險還是趕緊跑回桑樹下。然而映入眼簾的卻是血紅的桑樹，她疑惑地看著原本雪白的桑椹果實，突然看見地上情人的屍體。

她看到皮拉慕斯手上緊抓的破碎面紗，瞬間明白了，便衝向情人，將他抱在懷中，輕聲呼喚皮拉慕斯的名字。但一切都太遲了，皮拉慕斯已經不會再睜開雙眼，提絲培不願讓死亡拆散他們，於是也自盡了。

她用皮拉慕斯的劍刺穿自己的胸膛，她在死前向神明祈求，讓他們永遠在一起吧。神明聽到了她的請求，也深深同情他們的遭遇，於是讓他們的父母將兩人合葬在一個骨灰罈中，永遠不分開。

而目睹一切的桑樹，則為了紀念他們的愛情，每到果實成熟時就變成血紅的顏色，悼念這一對苦命的戀人。

費頓的墜落

費頓的故事相當有名，許多作家都寫過他的故事，其中最有名的就是奧維於《變形記》中描寫的費頓的墜落。

傳說中費頓是泰坦太陽神西里奧斯之子，但是他從未見過自己的父親。母親克萊門對於父親的身分絕口不提，但是孩子一天天長大，開始對自己的身分感到好奇，耐不住內心疑惑的費頓決定逼問母親自己親生父親的身分。

克萊門知道自己已經無法再隱瞞祕密，只好一五一十向費頓說出真相。原來費頓的父親就是太陽神西里奧斯，起初費頓對於母親的說法半信半疑，雖然母親發誓所言為真，費頓還是對親生父親的身分感到懷疑。

偏偏年輕氣盛的費頓在市集與人爭吵時說漏了嘴，他向大家炫耀自己乃神明之子，身分高貴，卻遭到旁人無情的奚落與對待。費頓在傷心難過之際，決心偷偷前往天庭尋找親生父親，詢問自己的血脈究竟是否為真。

當費頓來到天庭時，西里奧斯一眼認出親生兒子的身分，於是脫下太陽神耀眼的光圈，歡欣迎接兒子到來，殊不知費頓心裡其實盤算著陰謀。他假意向西里奧斯訴說兒子想

太陽神的馬車

念父親的悲哀，告訴他多年來渴望父愛，甚至遭人嘲笑的可憐經過。

天神對自己兒子的遭遇感到難過與愧疚，於是告訴費頓，自己願意補償他，只要是費頓能說出的願望，西里奧斯都能替他達成。費頓眼見自己的計謀成功，於是慫恿西里奧斯向守誓河發誓，自己許下的誓言永遠不能食言。

在西里奧斯反應過來前，情況就失控了。費頓向父親要求，希望可以駕駛太陽神的馬車一天，費頓不知道這項要求將會帶來世界的毀滅與自己的死亡，而已經向守誓河許下誓言的太陽神，無法違背自己的誓言。

費頓的墜落

西里奧斯焦急地向兒子表示，太陽神的馬車並非凡人可以駕馭，天空的軌道相當難行，甚至有時候太陽神自己都感到相當吃力，馬車上的溫度相當炎熱，甚至連拉車的馬都會吐出火燄。但是費頓相信，自己是太陽神的兒子，一定具有神的神力，太陽神能做得到的，他一定也有辦法達成。因此，即使太陽神努力向費頓解釋，就連天父宙斯都不敢駕駛他的馬車，費頓還是堅持太陽神必須遵守自己許下的願望。

於是太陽神流著眼淚，將費頓送上馬車。果然，費頓無法駕馭馬車，爬升的軌道是如此陡峭，費頓連韁繩都幾乎抓不住，全身更像是火焰般燃燒，痛苦不已。馬車於地面上飛過，將大地燒得焦黑，生靈塗炭，植物全部枯死了。天父宙斯眼見如此，用雷霆將費頓打下，將馬車重新帶回西里奧斯的宮殿。

年輕氣盛的費頓就這樣死去，他的姊姊們為他的悲慘遭遇悲傷，紛紛流下淚水，據說最後那些淚水就成為琥珀，因此琥珀也被稱為費頓姊妹的眼淚。

太陽神西里奧斯在人間其他的私生子

情人	後代	備註
瑙希妲	阿葛拉斯	
麗克梭	瑟拉諾	
柏絲	伊特斯	科奇斯的國王，女巫米蒂亞的父親。
歐尼赫	法西斯	

費頓無法控制馬車造成的影響

費頓一開始將馬車駕駛得過高，導致地面突然變得寒冷不已。
馬車急速下墜，離地面太近，地面上所有植物都因為高溫而枯黃燃燒，大地變得焦黑。
馬車意外衝往非洲，由於距離太近，非洲頓時變成沙漠，衣索比亞人因為皮膚被烤焦，膚色變黑。
尼羅河藏起了自己的源頭，以免整條河流蒸發枯竭。
冰雪融化，城市開始燃燒，化成灰燼。
河流乾涸，水寧芙們只能坐在乾枯的岸邊哭泣；海洋變得滾燙，海神波賽頓舉起三叉戟對太陽怒吼，但還是無法抵擋炙熱，只能躲在最深的海底。

曾寫過費頓故事的作家及作品名

書名	作者	年代
《太陽神之女》	埃斯庫羅斯	西元前五世紀
《費頓》	歐里庇得斯	西元前五世紀
《尋找金羊毛》	羅德島的阿波羅尼奧斯	西元前三世紀
《歷史的圖書館》	西西里的狄奧多羅斯	西元前一世紀
《特洛伊的淪亡》	崑特斯．席那奧斯	西元四世紀
《變形記》	奧維	西元一世紀
《自然的歷史》	普林尼	西元一世紀

亞特蘭大的故事

亞特蘭大是希臘神話中少見的女英雄，在男性主導的社會中鮮少見到英勇女性的故事，而亞特蘭大相當特殊，她擊敗了不少男人。

亞特蘭大是跑步高手，能跑贏最快的男人，她的美貌同速度一樣出名，原本她的人生應該一帆風順，可怕的神諭卻毀了她的人生。

亞特蘭大

懷春少女想知道自己將來的丈夫是何人，未來的婚姻是否幸福？結果神明回答了她可怕的答案，神諭說她根本不適合婚姻，靠近她的男人都只有死路一條，但追求者絡繹不絕，亞特蘭大根本阻止不了，於是她與父親決定要想辦法嚇跑這些求婚者。

亞特蘭大公開宣布若是願意與她賽跑且擊敗她的，就可以把她娶回家，但若這些人在賽跑中輸給她，就要付出生命的代價。

她以為這樣可以阻止求婚者，沒想到那些愚蠢的傢伙自以為可以贏過漂亮的亞特蘭大。他們看到她美麗的外表，為她神魂顛倒，根本不畏懼死亡的代價，結果當他們跑輸後，只得心甘情願付出生命。

這不是亞特蘭大所樂見的，但她無比的美貌仍不斷吸引不怕死的求婚者。

這時候，希波梅涅斯聽聞了這樣的賽跑比賽，他被吸引到賽跑場旁邊，看著那些愚蠢的追求者，心想怎可能有人因為一名美麗的女子，而連命都不想要。

忽然間，他看見了亞特蘭大，她是如此美麗，他頓時了解那些傢伙為何願意這麼做，因為他此時所想的也只有想將亞特蘭大娶回家。

但他相當聰明，在心裡盤算著，這麼多人輸給亞特蘭大，即使他參加比賽，只憑藉一股愛意與勇氣，真能夠贏過亞特蘭大嗎？還是

亞特蘭大為了撿拾金蘋果偏離跑道

會丟掉自己的性命，也娶不到美嬌娘呢？

突然間，他看見風吹過亞特蘭大的秀髮，她的臉龐散發著青春的粉紅色光芒，在這一刻他知道，即使要付出生命代價，他也要參加比賽。

此時，一排求婚者前往送死，他們剛剛結束競賽，而且輸得相當悽慘。

亞特蘭大對於求婚者感到愧疚，卻也無能為力，這是先前訂下的規矩，這時希波梅涅斯來到亞特蘭大面前。他稱讚她的美貌，並表示希望能與她賽跑。

希波梅涅斯的外表俊俏，亞特蘭大在看見他第一眼時，心裡就有小鹿亂撞的感覺，但是她不能毀壞自己的諾言，於是她勸告希波梅涅斯：「沒人能夠跑贏我，珍惜你可貴的生命。」

但希波梅涅斯此時已深深為亞特蘭大著迷，沒有辦法將視線移開，除非娶到美嬌娘，否則他之後的人生也與死無異。

亞特蘭大知道她無法勸服希波梅涅斯，於是只得宣布開始競賽。

但希波梅涅斯已經想好了一套計畫，在他們開跑後，亞特蘭大一開始就領先，這時，希波梅涅斯丟出一顆金蘋果到路邊。這顆金蘋果渾圓可愛，金光閃閃，亞特蘭大無法抗拒美麗的金蘋果，於是偏離路線跑去撿拾。當她跑回既定路線時，馬上又超越了希波梅涅斯，這時希波梅涅斯又丟出一顆金蘋果，亞特蘭大深怕自己會輸了比賽，因此撇開雙眼，但金蘋果吸引著她，就像她吸引著那些求婚者一樣。

於是她再度偏離路線去撿金蘋果，這時希波梅涅斯超越她了，心急的亞特蘭大趕緊跑回跑道，眼見比賽就快結束，希波梅涅斯在這時再丟出最後一顆金蘋果，亞特蘭大信心滿滿，她堅信自己可以撿回金蘋果又贏得比賽，但這次金蘋果滾得太遠了，當她撿回金蘋果時，希波梅涅斯已到達終點。

就這樣，勝利者將獎品帶了回家，希波梅涅斯贏得了美嬌娘。

亞特蘭大為了撿拾金蘋果而輸了比賽

BOX

金蘋果的來源：這篇故事出自奧維的《變形記》，那三顆金蘋果是愛與美之神阿芙蘿黛蒂賜予希波梅涅斯的，讓他征服不相信愛情的亞特蘭大。最後兩人被變為獅子，也是因為希波梅涅斯在娶得美嬌娘後，竟然忘記向阿芙蘿黛蒂獻上祭品的緣故。

點石成金的故事

沒有什麼比變調的美夢更淒涼的，因為貪婪而受害的，麥達斯國王不是第一人，但他的故事格外發人省思。

話說有一日，酒神戴奧尼修斯的恩師席列尼因為酒醉昏倒在弗里吉亞國王麥達斯的花園中，席列尼是薩提爾（半人半羊的生物），喜好喝酒與玩樂，在酒醉後迷失方向，不小心來到麥達斯的花園，意識不清的他倒頭就睡，根本不管自己身在何處。

麥達斯碰到的食物都會變黃金

天亮後，麥達斯的侍衛看見花園裡的醉漢，於是把他帶到國王面前讓國王裁罰。麥達斯看見來者，心想不得了，這不是酒神戴奧尼修斯的同伴嗎？他與戴奧尼修斯有交情，一眼就認出來者的身分。於是他吩咐侍衛放開老醉鬼，並大擺宴席，準備了豐富的食物與美酒歡迎貴客，席列尼開心極了，在麥達斯的皇宮大吃大喝了十天，第十一天早上，國王帶著席列尼回到酒神居住的原野。

酒神看到老恩師平安歸來，心裡相當開心，席列尼又對麥達斯讚不絕口，不斷誇獎他是如何款待自己。酒神於是決定答應麥達斯一個願望，來報答他對恩師的款待。這一切都在麥達斯的計畫中，他不加思索地向酒神說，他希望他任何碰觸的東西都能變成黃澄澄的黃金。酒神允許了他的願望。

開心的麥達斯帶著新禮物開心回家，一路上他碰到的任何東西真的都立刻變成了黃金，他根本不敢相信自己的眼睛。他東摸摸西碰碰，抓取一把泥土，結果泥土變成一團黃金；他把麥穗摘下，結果麥

麥達斯將席列尼帶回戴奧尼修斯的身邊，酒神因此讓他許一個願望

穗變成一粒粒的黃金顆粒，此時他的欣喜已經超過言語所能描繪。

他夢想著一個全是黃金的世界，幻想自己將會變得多有錢多有權勢，卻從來沒有認真考慮過這件事情可能帶來的後果。

他回到皇宮去，派遣僕人準備佳餚與麵包，心情正好的麥達斯認為現在是慶祝的時刻，便拿起麵包要吃，結果麵包變成金塊，他咬肉，牙齒差點碎掉，於是他吩咐僕人將酒倒入他的喉嚨，結果酒變成黃金流入他的嘴巴。

他不知該如何是好，美夢瞬間變調成詛咒與惡夢，這樣下去他非餓死不可。他看到身邊滿滿的黃金，卻開心不起來，只覺得黃金的光芒好嚇人，於是國王高舉手臂向天祈求，向酒神戴奧尼修斯說他錯了，請給他彌補的機會。

他祈求許久，戴奧尼修斯終於聽見他的祈禱，他不忍心麥達斯受到這樣的折磨。酒神的用意是好的，只是麥達斯用在錯誤的地方，於是他告訴麥達斯只有一個方法可以擺脫點石成金的惡夢，麥達斯需要沿著帕克托羅斯河（Pactolus）找尋河的源頭，等找到源頭後，將自己連人帶頭全部浸泡在水中，讓河水沖走他的罪惡，洗滌他的詛咒。

麥達斯急忙照做，他找到水源，並跳入河中，強力的水流將他身上的魔法洗淨，他終於變回原本的平凡人，碰到的每一樣東西，都還是維持原來的面貌，他欣喜不已，就這樣擺脫掉可怕的命運。

據說直到現在，帕克托羅斯河中，河水流經的地方總是金黃一片，只要伸手撈起河底下的沙石，就會看見混雜在裡頭的點點金沙，就是因為當年沙子碰到麥達斯身體的緣故。

美少年亞當尼斯

這個故事應該算是小愛神愛羅斯的錯，他不小心用愛神的愛之箭傷了莫拉，結果莫拉瘋狂愛上自己的父親。

莫拉當然知道這是不對的，不倫是十惡不赦的，連復仇女神都會從地獄來到陽間追殺她，但她就是如此瘋狂地愛上了自己的父親，她並不知道是小愛神搞的鬼，只覺得是自己發瘋了。

莫拉變成沒藥後，從樹中生出亞當尼斯

她心裡認真地分析著，若是她真的愛上父親，父親也願意娶她，這樣她豈不是要跟自己的母親爭寵？萬一生下了孩子，究竟算是她的弟弟還是她的兒子？這樣的醜聞一定會毀了父親，父親是如此正直的人，她不能讓父親背上這樣的罪孽，於是她試圖上吊自殺，但被奶媽給發現。奶媽總覺得莫拉整天鬱鬱寡歡，必定有事情會發生，因此她每天晚上守在莫拉門外，結果竟然真的發現莫拉要自盡。

奶媽費盡功夫把莫拉救下來，哭著問她為何這麼想不開，可憐的莫拉把整件事情娓娓道來。奶媽知道這種事情是不被允許的，她心裡明白莫拉也知道，但她同情莫拉的遭遇，詛咒上天為何讓此事發生，於是她決定幫助莫拉。

當莫拉的父親酒醉時，奶媽欺騙他說，有一個少女愛上了他，希望能夠共度一夜，莫拉的父親答應了，在不知情的情況下，讓莫拉懷了孕。

後來莫拉的父親好奇少女的身分，於是偷偷點上蠟燭偷看，當他發現床上的少女就是莫拉時，嚇得拿起劍來要殺死自己女兒。痛苦不已的莫拉逃走了，但她深知肚中的孩子是不倫的結果，她不想活了，也不能夠死去，於是祈求神明讓她解脫。神明把她變成一棵樹，也就是沒藥，她不斷流淚，流出的淚水滲出樹幹，就成了沒藥汁，史上第一棵沒藥樹就是這樣出現的。

　但莫拉變成樹後，肚中的孩子還是出生了，森林中的寧芙們將他撿去養大，命名為亞當尼斯，亞當尼斯是一名美少年，阿芙蘿黛蒂途經此處，對孩子一見鍾情，她把孩子帶去給冥后柏瑟芬照顧，沒想到柏瑟芬也愛上了他。兩個女神爭執不休，最後宙斯判定，亞當尼斯一半的時間活著陪阿芙蘿黛蒂，一半的時間在陰間陪柏瑟芬，這才解決糾紛。

亞當尼斯的血化為牡丹

阿芙蘿黛蒂深深愛著美少年亞當尼斯

　一天，阿芙蘿黛蒂帶著亞當尼斯在森林中狩獵，亞當尼斯見到一頭野豬，於是獨自前往追逐，他丟出尖銳的矛，刺進野豬的身體，但野豬將矛拔出，怒沖沖地追向亞當尼斯，亞當尼斯來不及閃躲，野豬的牙齒深深刺進他身體，可憐的美少年頓時倒在地上動彈不得，身體裡的血不斷流出，染紅了大地。這時阿芙蘿黛蒂才發現愛人獨自狩獵，竟然發生了意外，她抱著即將斷氣的亞當尼斯痛哭，痛苦地訴說自己是天神，無法隨他而去。

　亞當尼斯就這樣丟了性命，阿芙蘿黛蒂為了紀念他，用他的血創造了鮮紅的秋牡丹，這種花的花季很短，又被稱為風之花，因為它的花瓣非常脆弱，容易被風吹落，就如同可憐的亞當尼斯一樣脆弱。

愛歐的故事

愛歐是多情種子宙斯新的欽慕對象，但就像所有宙斯愛上的女子一樣，宙斯只替她們原本平靜的生活帶來不幸。

有一天宙斯經過河流，看見年輕可愛的愛歐就在河邊與同伴玩耍，他上前告訴愛歐自己的身分並傾訴愛意。

母牛愛歐

少女轉身就跑，宙斯此時展開追逐，但他也害怕在天上的希拉會看見他的行蹤，於是召喚烏雲遮蓋天空。天神以為這樣做，自己就可以放心追求情人。沒想到希拉看見晴天突然烏雲密布就前來查看了。

宙斯的小把戲成了欲蓋彌彰之罪，他看見希拉即將來到此地，他不知該如何解釋。於是趕緊把愛歐變成可愛的小母牛。而愛歐即使變成了牛，轉變了形體，還是一樣美麗漂亮。

希拉一看見小母牛，知道宙斯必定有詭計，但這時候他身邊又沒有別的女人，只有一頭母牛，於是希拉便向宙斯討要這頭小母牛。她說這頭小母牛美麗又可愛，不如送給她作禮物吧。宙斯沒有想到希拉會作如此要求，卻也沒有辦法拒絕，若是拒絕給妻子這頭小母牛，似乎顯得內心有鬼。於是他心不甘情不願地交出母牛，就這樣，宙斯把愛歐送給了希拉。

希拉當然知道小母牛是愛歐變的，這下她掌握了情敵，終於可以採取報復行動，她要把愛歐看得牢牢的，讓宙斯沒有機會帶她回去。

她派遣百眼巨人看守愛歐。百眼巨人是最理想的看守者，有一百個眼睛，睡覺時從來不會將所有的眼睛一起閉上，總是有幾隻眼睛是張開的。白天，巨人就放母牛吃草，晚上再將她趕回洞穴睡覺。

愛歐痛苦極了，她好想說出真相，說她是人而不是牛，但是她張嘴只能發出牛的哞叫聲。愛歐趁巨人不注意時偷溜到父親河神伊納奇歐斯的河邊，在地上寫出自己的名字，讓父親知道自己被變成牛。痛苦不已的河神抱著女兒痛哭，卻什麼也做不了，而百眼巨人一發現愛歐不見了就前來把她抓回去。

愛歐每天以淚洗面，宙斯終於決定插手干預。他知道這都是他犯的錯，於是他召來使神漢密斯，命令漢密斯殺死百眼巨人，使神打扮成牧羊人的模樣，來到百眼巨人面前讓他卸下防備，並拿起笛子吹奏優美的歌曲，百眼巨人在優美的樂曲聲中逐漸沉睡，閉上了他所有的眼睛。這時漢密斯拿出長劍，殺死了百眼巨人。

可憐的愛歐終於重獲自由，但希拉氣不過，派遣蒼蠅追著愛歐跑過幾大洲，渡過無數海洋，怎樣都不願意放過她。最後在宙斯的求情下，希拉才終於消氣，讓愛歐恢復了她原本的面貌，愛歐終於可以與父親相認。

愛歐後來成為了女神，信徒還不少，總算彌補了她這一段悲慘的遭遇。

BOX

百眼巨人的下場：希拉命令百眼巨人看守愛歐，百眼巨人盡忠職守卻被使神漢密斯殺死，這樣的遭遇讓希拉感到惋惜，於是她把百眼巨人的眼睛摘下，並召來她的聖鳥孔雀，將眼睛全都放在孔雀的羽毛上，讓百眼巨人的一部分得以繼續活在世上，這就是孔雀的羽毛上有那麼多眼睛狀花紋的由來。

希拉發現宙斯行蹤詭異，為了躲避妻子，宙斯只得將愛歐變成牛

國家圖書館出版品預行編目資料

圖解希臘神話 / 凱特琳著 .
-- 二版 . -- 臺中市 : 好讀出版有限公司 , 2022.01
面 ;　公分 . --（一本就懂 ; 9）
ISBN 978-986-178-569-1(平裝)
284.95　　　　　110016603

好讀出版

一本就懂 09

圖解希臘神話【修訂新版】

作　　者／凱特琳
繪　　圖／阿娟、許承菱
總 編 輯／鄧茵茵
文字編輯／莊銘桓、林泳誼
美術編輯／鄭年亨
行銷企畫／劉恩綺

發 行 所／好讀出版有限公司
台中市 407 西屯區工業 30 路 1 號
台中市 407 西屯區大有街 13 號（編輯部）
TEL: 04-23157795　FAX: 04-23144188
（如對本書編輯或內容有意見，請來電或上網告訴我們）
法律顧問／陳思成律師

讀者服務專線：(02)23672044 / (04)23595819#230
讀者傳眞專線：(02)23635741 / (04)23595493
讀者專用信箱：service@morningstar.com.tw
晨星網路書店：http:// www.morningstar.com.tw
郵政劃撥：15060393（知己圖書股份有限公司）
如需詳細出版書目、訂書，歡迎洽詢

二　　版／西元 2022 年 1 月 15 日
初　　版／西元 2013 年 2 月 15 日
定　　價／ 299 元
如有破損或裝訂錯誤，請寄回知己圖書更換

Published by How Do Publishing Co., Ltd.
2022 Printed in Taiwan

ISBN 978-986-178-569-1